essentials

essentials liefern aktuelles Wissen in konzentrierter Form. Die Essenz dessen, worauf es als „State-of-the-Art" in der gegenwärtigen Fachdiskussion oder in der Praxis ankommt. *essentials* informieren schnell, unkompliziert und verständlich

- als Einführung in ein aktuelles Thema aus Ihrem Fachgebiet
- als Einstieg in ein für Sie noch unbekanntes Themenfeld
- als Einblick, um zum Thema mitreden zu können

Die Bücher in elektronischer und gedruckter Form bringen das Fachwissen von Springerautor*innen kompakt zur Darstellung. Sie sind besonders für die Nutzung als eBook auf Tablet-PCs, eBook-Readern und Smartphones geeignet. *essentials* sind Wissensbausteine aus den Wirtschafts-, Sozial- und Geisteswissenschaften, aus Technik und Naturwissenschaften sowie aus Medizin, Psychologie und Gesundheitsberufen. Von renommierten Autor*innen aller Springer-Verlagsmarken.

Weitere Bände in der Reihe http://www.springer.com/series/13088

Michael Treier

Betriebliches Gesund-
heitsmanagement 4.0
im digitalen Zeitalter

Michael Treier
Hochschule für Polizei und öffentliche
Verwaltung NRW
Duisburg, Deutschland

ISSN 2197-6708   ISSN 2197-6716   (electronic)
essentials
ISBN 978-3-658-33260-0   ISBN 978-3-658-33261-7   (eBook)
https://doi.org/10.1007/978-3-658-33261-7

Die Deutsche Nationalbibliothek verzeichnet diese Publikation in der Deutschen Nationalbibliografie; detaillierte bibliografische Daten sind im Internet über http://dnb.d-nb.de abrufbar.

Planung/Lektorat: Eva Brechtel-Wahl
Springer ist ein Imprint der eingetragenen Gesellschaft Springer Fachmedien Wiesbaden GmbH und ist ein Teil von Springer Nature.
Die Anschrift der Gesellschaft ist: Abraham-Lincoln-Str. 46, 65189 Wiesbaden, Germany

Was Sie in diesem *essential* finden können

- Argumente für eine digitale Transformationsstrategie des klassischen BGM zum BGM 4.0
- Antworten auf die Herausforderungen der Arbeitswelt 4.0 im Hinblick auf die Modernisierung des BGM
- Wegweiser bei der Konzeptualisierung eines BGM 4.0 zur Vermeidung digitaler Irrfahrten bei der Implementierung
- Modulares Framework nach dem Baukastenprinzip für ein digitales betriebliches Gesundheitsmodell
- Vorstellung relevanter Attribute einer digitalen Toolbox
- Erfolgsfaktoren und Qualitätskriterien in Bezug auf das BGM 4.0

In dieser Publikation wird bewusst auf die Nennung konkreter digitaler Instrumente von Apps bis zu Plattformen von (nicht-)kommerziellen Herstellern verzichtet.

Inhaltsverzeichnis

1 Ausgangslage und Herausforderungen für das Gesundheitsmanagement der Moderne 1

1.1 Der digitale Dammbruch als Herausforderung 2

1.2 Digitales Gesundheitskonzept als Antwort auf Arbeit 4.0 3

1.3 Individualisierung als Megatrend 8

1.4 Treiber des BGM 4.0 11

2 Handlungsfelder im BGM 4.0 17

2.1 Information im BGM 4.0 19

2.2 Kommunikation im BGM 4.0 21

2.3 Transaktionen im BGM 4.0 24

3 Integration als virtuelles Gesundheitscenter 29

3.1 Gesundheitsgirokonto als personale Steuerungseinheit 31

3.2 IT-basiertes Gesundheitsmonitoring zur Qualitätssicherung 33

3.3 Virtuelles Gesundheitscenter als Managementsystem 36

4 Erfolgsfaktoren im BGM 4.0 41

4.1 Digitale Toolbox aus Qualitätssicht 41

4.2 Selbstwirksamkeit als personale Ressource 46

4.3 Gesunde Führung als Organisationsmodell 50

5 Potenziale und Risiken – ein abwägendes Fazit 53

Quellen 65

Abkürzungsverzeichnis

AGS   Arbeits- und Gesundheitsschutz
BDSG   Bundesdatenschutzgesetz
BEM   Betriebliches Eingliederungsmanagement
BGF   Betriebliche Gesundheitsförderung
BGM   Betriebliches Gesundheitsmanagement
D-BGM   Digitales Betriebliches Gesundheitsmanagement
DVG   Digitale Versorgungs-Gesetz
EAP   Employee Assistance Program
PDSG   Patientendaten-Schutz-Gesetz
SGB   Sozialgesetzbuch

Ausgangslage und Herausforderungen für das Gesundheitsmanagement der Moderne

> ▶ Der digitale Impuls ist unaufhaltsam und wird im Gesundheitsbereich von vielen Akteur/innen der Gesellschaft und Wirtschaft aufgegriffen. Nahezu jeder Erwerbstätige nutzt digitale Technologien. Digitale Konzepte infiltrieren alle Lebensdomänen. Das ist kein Hype, sondern Realität. Das BGM kann diesen Trend aktiv nutzen, um seine eigene Relevanz, Durchdringung und Nachhaltigkeit zu steigern. *„Apps und Buttons"* können zur gesunden Organisation beitragen, wenn der digitale Wandel im BGM konsequent im Hinblick auf Prävention und Gesundheitsförderung vollzogen wird. Neue Gesundheitsrisiken wie Digitalstress sind zu beachten.

Eine Expertenbefragung zur **Zukunft des BGM** verdeutlicht, dass digitale Tools im BGM auf positive Resonanz stoßen (Käfer und Niederberger 2019). Die Anforderungen der Arbeit 4.0 (Abschn. 1.2), der Trend nach individualisierten Gesundheitskonzepten (Abschn. 1.3) sowie die Vorfahrt der Digitalisierung (Abschn. 1.4) unterstreichen dies. V. a. ist eine **Digitaloffensive** bei den Ansätzen der BGF hinsichtlich Bewegung, Ernährung, Erholung und Stressmanagement zu erwarten. Krankheitsprävention (Interventionen, die das Eintreten oder Ausbreiten einer Krankheit verhindern) und Gesundheitsförderung (Interventionen, die zur gesunden Lebensgestaltung beitragen) sind im digitalen Modell gleichermaßen zu berücksichtigen, um einen individuellen und kollektiven **Gesundheitsgewinn** zu erzielen, indem zum einen Risikofaktoren auf der personellen, technischen und organisatorischen Ebene abgebaut sowie zum anderen Schutzfaktoren und Ressourcen gestärkt werden (Uhle und Treier 2019).

M. Treier, *Betriebliches Gesundheitsmanagement 4.0 im digitalen Zeitalter*, essentials, https://doi.org/10.1007/978-3-658-33261-7_1

1.1   Der digitale Dammbruch als Herausforderung

▶ Die Corona-Pandemie hat den Digitalisierungsschub forciert – manche bewerten dies als digitalen Dammbruch, andere als Digitalblase. Gesundheitsthemen dürfen im digitalen Zeitalter nicht auf dem Abstellgleis stehen, während sich die Digitalisierung auf Überholspur befindet.

Indikatoren zum **Fundament E-Health** in Gesellschaft und Wirtschaft wie *Digital Health Index der Bertelsmann Stiftung* oder *eHealth Monitor von McKinsey & Company* bestätigen die turbulente Entwicklung als Fast Track. Die disruptiven Verwerfungen bestimmen das digitale Konzept als **Gegenwartsmodell,** um die Handlungsfähigkeit im Gesundheitswesen aufrechtzuerhalten (Haring 2019). Aber das traditionelle BGM weist oftmals keine ausreichende Anschlussfähigkeit zu digitalen Konzepten auf. Digitale Modelle sind trotz Popularität und „Always on"-Lebensart nicht überstürzt ins BGM zu implementieren.

Alles, was digitalisiert werden kann, wird faktisch digitalisiert, und nach der Digitalisierung folgt die Virtualisierung (vgl. D21-Digital-Index, https://initiatived21.de). Im übertragenen Sinn kristallisiert sich hier ein analoges Problem wie beim Mooreschen Gesetz der Informationstechnologie heraus, das eine exponentielle Entwicklung der IT-Leistung postuliert, diese aber durch naturwissenschaftliche Gesetze begrenzt wird. Es geht nicht um die Frage, *ob* der digitale Wandel zum BGM 4.0 führt, sondern *wie* diese Transformation erfolgreich und qualitätsorientiert unter Beachtung dieser Grenzen vollzogen werden kann. Folgende **Schlüsselfragen** begleiten diesen Wandel.

- Brauchen wir eine Transformation des BGM in Richtung Digitalisierung?
- Welche digitalen Lösungen sind für das BGM zielführend?
- Welche Potenziale resultieren aus Regularien wie das E-Health-Gesetz für Apps & Co.?
- Wie lassen sich digitale Health-Lösungen im klassischen BGM implementieren?
- Welche Trends bei digitalen Lösungen sind in Zukunft zu erwarten?

Potenziale und Risiken offenbaren die **Zwiespältigkeit** im Umgang mit dem digitalen Modell hinsichtlich der gesunden Organisation (Kap. 5) (Albrecht 2016; Matusiewicz und Kaiser 2018).

Positive Effekte finden sich sowohl auf Arbeitgeberseite (z. B. Arbeitgeberimage, Kostenreduktion) als auch auf Arbeitnehmerseite (z. B. personalisierte Angebote, Nutzung bei dezentralen Arbeitsplätzen). **Kritische Aspekte** beziehen sich nicht nur auf Fragen des Datenschutzes, sondern auch auf den unüberschaubaren Gesundheitsmarkt, der eine qualitätsorientierte Selektion digitaler Gesundheitswerkzeuge erschwert. Es fehlen oft evidente Hinweise auf die Wirksamkeit der Tools.

Zudem gibt es eine Art **Gegenbewegung** zur Digitalisierung im Gesundheitsbereich – pointiert wird die digitale Entgiftung (Digital Detox) und Selbstvermessung (Self-Hacking, Lifelogging) kolportiert (Otto 2016; Selke 2016). Die psychischen und sozialen Implikationen der technisierten Selbstbeobachtung sind noch nicht in Gänze erforscht (Kalch 2020). Gesundheits- und fitnessbezogene Medieninhalte verteilt über Social Media wie Instagram können Einfluss auf die psychische Gesundheit und Körperzufriedenheit nehmen und die Gesundheitssozialisation stören. Die Bandbreite potenzieller, d. h. positiver wie auch negativer Medieneffekte ist aus Sicht der Gesundheitswissenschaften nicht außer Acht zu lassen. Aber diese Erkenntnisse werden in Anbetracht der Trends nicht zum *„Disconnect"* führen, aber zum reflektierten *„Reconnect"*, denn die **digitale Nabelschnur** in der Lebensführung ist nicht mehr zu trennen. Gewiss ist Digitales nicht Alles. Lebensqualität setzt persönlichen Kontakt voraus, aber das digitale Modell wird diesen analogen Zugang umwälzen.

Deshalb empfiehlt sich eine sukzessiv **evaluierte digitale Transformation des BGM** und nicht der rasche Erwerb von Gesundheitsgadgets. Vielfach mangelt es auch bei der Anwenderseite an der Medienkompetenz, um einen reibungslosen Übergang vom analogen zum digitalen Modell zu vollziehen. Demgemäß versprechen sich Anbieter vom *Blended Corporate Health* als Kombination analoger und digitaler Tools einen konstruktiven Zugang zur **digitalen Normalität im Gesundheitswesen.** Hier besteht jedoch das Risiko, dass digitale Ansätze nur ergänzend, aber nicht autark Berücksichtigung finden. Dadurch wird das Potenzial des digitalen Modells nicht ausgelotet, und die Antworten auf die Herausforderungen der Arbeit 4.0 fallen ggf. zu moderat aus.

1.2 Digitales Gesundheitskonzept als Antwort auf Arbeit 4.0

> BGM 4.0 ist mehr als ein Portfolio digitaler Tools. Entscheidend sind Qualitätssicherung, Vernetzung, Steuerung und Administration, um sich als zeitgemäßes Pendant der Arbeit 4.0 zu etablieren. Dabei ist eine artifizielle Trennung zwischen den Säulen Arbeits- und Gesundheitsschutz

und Gesundheitsförderung nicht zielführend, da Verhaltens- und Verhältnisprävention unentwirrbar in der digitalen Arbeitswelt verwoben sind.

Dass **Gesundheit und Arbeit 4.0** miteinander verstrickt sind, ist eine Binsenweisheit. Die „Neue Welt des Arbeitens" (New Work) zeitigt vielfältige positive und negative Gesundheitseffekte (Abb. 1.1) (Social Health@Work 2020). **Forschungsprogramme** wie *„Maßnahmen und Empfehlungen für die gesunde Arbeit von morgen"* offenbaren, wie sich das BGM 4.0 mit Hilfe von smarten Technologien und Konzepten zum zukunftsfähigen AGS entwickelt (Projekt MEgA, https:// gesundearbeit-mega.de/). Der **Digitalstress** in der Arbeitswelt ist ein herausragendes Thema (DGB 2016). Gerade fluide und agile Arbeitswelten erfordern ein positives Stress-Mindset als Resilienzfaktor. Gesundheitliche Auswirkungen neuer Technologien werden erforscht (Techno-Stress). Ein Stichwort ist hier bspw. die ständige Erreichbarkeit als psychische Belastungsform (Treier 2020a). Menschen müssen lernen, mit den Technologien gesund umzugehen, und Organisationen müssen lernen, Arbeit 4.0 aktiv zu gestalten (Werther und Bruckner 2018). Und das BGM muss sich Gedanken zur Prävention 4.0 machen, um nicht hinter den Trends zu verharren (Cernavin et al. 2018). Arbeit 4.0 bedeutet jedoch mehr als nur Digitalisierung – dies manifestiert sich in Attributen wie Agilität, Flexibilität und Adaptivität – die Arbeitswelt definiert sich neu (Hackl et al. 2017). Organisationen verändern sich – sie werden lernender und agiler, weil die Umwelt als **VUCA-Welt** volatiler, unsicherer, komplexer und mehrdeutiger ausfällt. Dies hat Implikationen für die gesunde Organisation und für jeden dort Tätigen. Kritisch wird es, wenn Arbeit und Gesundheit auseinanderdriften.

> „Die zunehmende Arbeitszeit- und Arbeitsortflexibilisierung in Verbindung mit der Digitalisierung der Arbeitswelt führt zu neuen Aufgabentypen und Bedingungen (New Work), die zum Teil mit einer erweiterten Autonomie einhergehen. Diese Trends werden mit Arbeit 4.0 zusammengefasst. Die Arbeitswelt wird agiler und verlangt vom Beschäftigten mehr Kompetenz im Bereich der Selbstregulation. Cloud-Working, Desk-Sharing oder mobile Büros sind kennzeichnend für das fluide Zukunftsmodell der Arbeit („Liquid Workforce"), in der die Grenzen zwischen Arbeits- und Privatwelt verschwimmen. Diese Entgrenzung birgt neue Risiken und verlangt vom Beschäftigten hohe Ausprägungen an Resilienz bzw. psychischer Widerstandskraft." (Uhle und Treier 2019, S. 607)

4.0-Prozesse bestimmen alle Lebensdomänen. Zeit- und Leistungsdruck steigen, Kommunikations- und Interaktionsdichte nehmen zu, psychische Belastungen

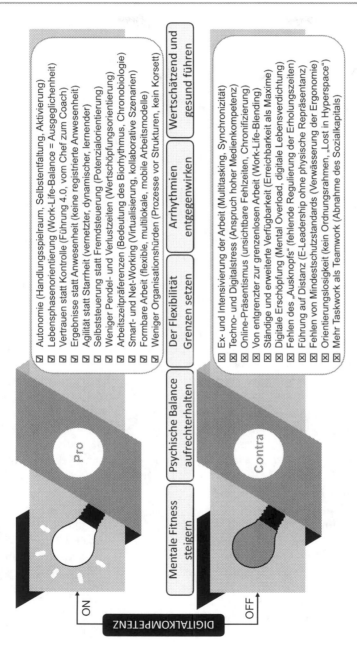

Abb. 1.1 Implikationen der Arbeit 4.0 aus Gesundheitssicht

grassieren, Multitasking und Beschleunigung erschweren die Aufmerksamkeits-regulierung. 4.0 Prozesse sind sowohl als Belastungs- als auch Beanspruchungs-faktor zu bestimmen. Intensivierung (quantitative und qualitative Arbeitsdichte), mehr Verantwortung (Handlungsspielraum), Hyperflexibilisierung von Arbeits-zeit und Arbeitsort, verstärkte soziale physische Isolation, ausgeprägtere Belas-tungsschwankungen, ständige Erreichbarkeit, Entgrenzung der Arbeit, erhöhter Anspruch an Mobilität sind **Attribute der Arbeit 4.0.** BGM muss demgemäß seine Angebote *flexibilisieren, modularisieren und personalisieren.* Zudem sind Inhalte wie Selbstachtsamkeit und Erholungsfähigkeit ins Portfolio zu integrieren.

▸**BGM 4.0** bestimmt sich als ein den Rahmenbedingungen der Arbeit 4.0 ange-passtes BGM. Eine Digitalstrategie ermöglicht die erforderliche Vernetzung und Adaptivität, um Anschlussfähigkeit zur Arbeit 4.0 zu schaffen. Die Nutzung digi-taler Werkzeuge greift das D-BGM auf. BGM 4.0 ist Ausdruck einer modernen betrieblichen Gesundheitsstrategie im digitalen Zeitalter.

Die maßgebliche Auswirkung der Arbeit 4.0 ist eine **Arrhythmie der Lebens-zeit,** denn die Chronobiologie ist nicht nur bei Schichttätigkeit gestört. Daher reklamiert **Arbeit 5.0** ein gesundes Verhältnis zwischen Arbeit und Muße (Ramb und Zaboroswki 2018). Muße ist nicht die Zeit frei von Arbeit, sondern die Zeit, die man für sich persönlich beansprucht. Hier kann BGM 4.0 unterstützen, die **digitale Balance** zu wahren. Damit erweitert sich das BGM 4.0 vom Präventions-zum **Lebensrhythmusmanagement.**
Die Antwort auf Arbeit 4.0 ist nicht Zuwarten, sondern Aktivierung. Diese erfolgt als **digitaler Push** (BGM als Dienstleistung) und **digitaler Pull** (Erwartungen der Nutzer/innen). Zum einen gilt es, Zielgruppen zur Nutzung digitaler Gesund-heitsangebote zu motivieren (Push), zum anderen suchen Gesundheitsbewusste aktiv in einer gesunden Organisation nach korrespondierenden Angeboten (Pull). Impulsgeber für die digitale Gesundheit sind dabei oftmals nicht Gesundheitsin-stitutionen, sondern die Arbeitnehmenden selbst.
Für eine effektive Digitalstrategie gilt es in der ersten Phase, den **Möglich-keitsraum der Digitalisierung** unter Beachtung der Herausforderungen der agilen Arbeitswelt zu eruieren und ein Integrationskonzept im Hinblick auf freiwil-lige und gesetzlich vorgeschriebene Angebote im BGM zu erarbeiten. Dabei stellt sich die Frage, welche Implikationen das digitale Gesundheitsmodell unter Beachtung regulatorischer Ansprüche wie bspw. das E-Health-Gesetz (Gesetz für sichere digitale Kommunikation und Anwendungen im Gesundheitswesen) für **Ressourcen, Prozesse und Strukturen des BGM 4.0** haben.

▶ **Digitales BGF ist kein digitales BGM,** denn das griffe zu kurz und fokussiert einseitig Gesundheitsverhalten und Eigenverantwortung. Dennoch ist es ratsam, mit BGF zu starten, denn es ist sichtbar, anfassbar und wirksam. So kann sich der digitale Impuls durch BGF als Vorreiter auf andere Bereiche des AGS sukzessive ausbreiten. Das BGM als Organisationskonzept bleibt bestehen, wird aber in seiner Steuerung und Administration als virtuelles Gesundheitscenter realisiert, um Akteure im BGM zu vernetzen sowie Online- und Offline-Maßnahmen als *Blended Corporate Health Management* zu verknüpfen (Abschn. 3.3).

Greifbar sind beim digitalen Konzept die **E-Health-Angebote** in der Gesundheitsförderung. Sie sind bspw. als Fitness-Apps im Bereich Bewegung oder im Ernährungs-Coaching realisiert. Nach der #whatsnext2020-Studie (IFBG 2020, S. 60) ist bei 13,5 % der Organisationen die digitale Gesundheitsförderung bereits Realität und weitere 14 % stehen in der Planung. BGM 4.0 beschränkt sich aber nicht auf die Anwendung digitaler Angebote. Dies würde das Potenzial nicht ausschöpfen. Vielmehr ist eine systematische Vernetzung und Steuerung der digitalen und analogen Gesundheitswelt im Rahmen eines **ganzheitlichen BGM** erforderlich, um digitale Angebote adäquat in die **Präventionsmatrix der gesunden Organisation** zu integrieren und ihre Wirksamkeit durch Synergieeffekte zu steigern (Kap. 3). Ferner ist nicht nur der populäre Ansatzpunkt der Verhaltens-, sondern auch die Verhältnisprävention zu beachten (Abschn. 4.3).

> **Die Frage ist nicht, ob man digital starten möchte, sondern nur noch wie**

Trotz der zwiespältigen Empirie zur Wirksamkeit und zum Nutzen digitaler Gesundheitsangebote ist der 4.0 Trend im BGM als Antwort auf die Attribute der Arbeit 4.0 nicht mehr aufzuhalten. Aber ein digitales Modell, das lediglich digitale und mobile Formate in der BGF einsetzt oder Letztere mit digitalen Angeboten anreichert, ist kein BGM 4.0. Denn entscheidend ist hier, dass die gesunde Organisation analoge und digitale Ansätze im Präventionsmanagement verknüpft, diese steuert und hinsichtlich ihrer Wirksamkeit evaluiert. Hier benötigt man ein Managementsystem für Sicherheit und Gesundheit bei der Arbeit.

1.3   Individualisierung als Megatrend

▶ Mehr Verantwortung für die eigene Gesundheit ist die Maxime einer
modernen Gesundheitsförderung. § 1 SGB V unterstreicht dies, denn es
wird von den Betroffenen eine gesundheitsbewusste Lebensführung,
frühzeitige Vorsorge und aktive Mitwirkung im Bereich Prävention und
Therapie erwartet. Unabhängig von der Frage, wie viel Selbstverantwortung dem Menschen zuzumuten ist, bleibt der Anspruch, Gesundheits-
und Präventionsangebote auf das Individuum auszurichten. Letzteres
verlangt eine Personalisierung der betrieblichen Gesundheitsstrategie.

Digitale Trends wie bspw. die *Quantified Self-Bewegung* fokussieren das Selbst-
Monitoring und Selbst-Management im Hinblick auf einen gesundheitsfördernden
Lifestyle. So ist die digitale Selbstvermessung im Bereich Fitness ein Dauer-
trend. Dies ist mehr als ein Hype, dies stellt eine **transformative Kraft** dar.
Die Techniker Krankenkasse spricht hier vom **Homo Digivitalis** (TK 2018). Ver-
mehrt kommen digitale Tools zum Einsatz, die Eigenheiten und Ansprüche der
Teilnehmenden als *Personalized Health* berücksichtigen (Käfer und Niederber-
ger 2019). Die Risiken einer digitalen Selbstvermessung liegen im Bereich der
Überwachung und Diskriminierung, v. a. dann wenn Institutionen wie Versi-
cherungen, Arbeitgeber oder Banken beteiligt sind. Gesundheitspsycholog/innen
befassen sich zudem kritisch mit den Zusammenhängen von Gesundheit und
Eigenverantwortung (Abschn. 4.2), denn die Prämisse für eine emanzipierte und
gesundheitsgerechte Lebensführung ist eine ausgeprägte **Gesundheitskompetenz**
(Health Literacy) (Schaeffer und Pelikan 2017).

▶ Das Zukunftsziel ist eine **tragbare und alltagsbegleitende Gesund-
heitsförderung** durch körpernahe und smarte Interfaces und eine
Präventionsarbeit, die orts- und zeitunabhängig erfolgt, individuell
gestaltet und flexibel ist, Analysen ermöglicht und Feedback gibt,
Aktivierungsimpulse setzt und sich als gebrauchstauglich erweist
(Usability). Die Abgrenzung zwischen Medizin, Gesundheit und
Wellness ist fließend. Die Gesundheitskompetenzbildung erfolgt
deinstitutionalisiert, modularisiert und personalisiert. Kollaborative
Lernsettings ermöglichen sozialen Austausch in Netzwerken. Voraus-
setzungen sind ein angemessener **digitaler Reifegrad** der Gesund-
heitswerkzeuge und eine **hohe Selbstregulationskompetenz** bei den
Nutzenden i. S. der Digital Readiness.

Selbstbestimmte und mündige, aber nicht übermütige Gesundheitskonsument/innen sind nötig, damit personalisierte Gesundheitsangebote effektiv zur gesunden Lebensführung beitragen können. Viele Mitarbeitende verwenden bereits Health-Apps in ihren Smartphones, tragen Wearables (z. B. Fitnessarmbänder), bisweilen Smart Clothes oder greifen auf Selbstchecks im Internet zurück, wie Befragungen des Digitalverbands Bitkom manifestieren (https://www.bitkom.org/). **Berührungsängste** mit *„Gadgets und Widgets"* in den Bereichen Gesundheit, Lifestyle und Fitness sind kaum vorhanden. Fast 70 bis 80 % der Internetnutzenden greifen auf „Dr. Google" et al. zurück, um sich über Gesundheitsrisiken und -verhalten zu informieren. **Digital Health** behauptet sich als progressiver Trend und löst das *One-size-fits-all-Prinzip* als Konfektionsgröße *zugunsten maßgeschneiderter Programme* ab, um eine höhere Compliance bei Prävention und Motivation bei Gesundheitsförderung zu erzielen.

Die Empirie zeigt aber auch die **Schattenseiten** auf, denn das explosive Wachstum des digitalen Gesundheitsmarkts birgt Risiken, die nicht nur die „Datakratie" im Gesundheitsbereich als Instrumentalisierung sensibler Gesundheitsdaten betreffen. So besteht auch die Gefahr einer digitalen Irrfahrt, da es kaum Handlungsleitfäden zur systematischen Umsetzung gibt. Im Bereich der Präventionsarbeit können bspw. **Fake News** die Überzeugungsarbeit und Selektion der Angebote erschweren, denn viele wähnen eventuell aufgrund der digitalen Verfügbarkeit und Verständlichkeit von Gesundheitsinformationen, dass sie über eine gute **Gesundheitskompetenz** verfügen. Jedoch ist diese *Health Literacy* in Deutschland keineswegs so hoch ausgeprägt, denn es zeigt sich, dass mehr als die Hälfte eine eingeschränkte Gesundheitskompetenz aufweisen (Schaeffer et al. 2017). Zwischen Gesundheitsbewusstsein und Tun besteht oftmals eine signifikante Diskrepanz wie Ernährungsberichte der Deutschen Gesellschaft für Ernährung e. V. (www.dge.de) oder die Bundesgesundheitssurveys offenbaren (www.degs-studie.de). Wenn z. B. 61 % der Befragten glauben, dass ihr Gesundheitszustand gut sei, aber nur 9 % wirklich gesund leben (DKV 2018), dann lässt sich dieser Widerspruch nicht durch Digitalisierung lösen, sondern nur durch ein **Gesundheitskompetenzmanagement** (Uhle und Treier 2019). Abb. 1.2 illustriert in Anlehnung an die Resultate der Studie zur digitalen Gesundheitskompetenz die Herausforderungen im BGM 4.0 (TK 2018).

▶**Digitale Gesundheitskompetenz** bedeutet, dass Informations- und Kommunikationstechnologien souverän, gezielt und selbstkritisch von den Betroffenen verwendet werden, um ihre Gesundheit zu erhalten, zu fördern oder wiederherzustellen.

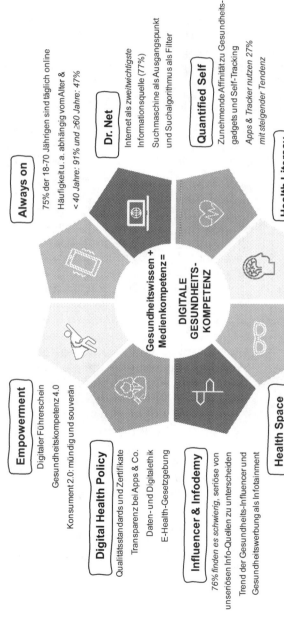

Always on

75% der 18-70 Jährigen sind täglich online

Häufigkeit u. a. abhängig vom Alter &
< 40 Jahre: 91% und ≥60 Jahre: 47%

Dr. Net

Internet als zweitwichtigste
Informationsquelle (77%)

Suchmaschine als Ausgangspunkt
und Suchalgorithmus als Filter

Quantified Self

Zunehmende Affinität zu Gesundheitsgadgets und Self-Tracking

*Apps & Tracker nutzen 27%
mit steigender Tendenz*

Health Literacy

43% schätzen ihre *Gesundheitskompetenz*
als *gut bis sehr gut* ein & Studien offenbaren
jedoch die Kluft zwischen subjektiver und
objektiver Gesundheitskompetenz!

Empowerment

Digitaler Führerschein

Gesundheitskompetenz 4.0

Konsument 2.0: mündig und souverän

Digital Health Policy

Qualitätsstandards und Zertifikate

Transparenz bei Apps & Co.

Daten- und Digitalethik

E-Health-Gesetzgebung

Influencer & Infodemy

76% finden es schwierig, seriöse von
unseriösen Info-Quellen zu unterscheiden

Trend der Gesundheits-Influencer und
Gesundheitswerbung als Infotainment

Health Space

*75% stufen die Informationsbeschaffung
im Bereich Gesundheit als leicht ein*

abhängig vom Alter, Bildung und Einkommen
jedoch Ausgrenzung der Nonliner bei Dr. Net & Co.

Gesundheitswissen +
Medienkompetenz =

DIGITALE
GESUNDHEITS-
KOMPETENZ

Abb. 1.2 Digitale Gesundheitskompetenz in Anlehnung an TK (2018)

Gesundheit 4.0 stellt einen Paradigmenwechsel dar: Die Rolle der Teilnehmenden ist nicht mehr *als Patient,* sondern *als Kunde* zu bestimmen. Gesundheit wird zum Produkt. Die Regulierung nimmt ab. Wellness, Prävention, Diagnostik und Therapie verschwimmen, denn der Arbeitnehmende ist nicht mehr schwarzweiß gesund oder krank. Gesunde, akut und chronisch Kranke sowie beruflich Rehabilitierte bilden den heterogenen Adressatenkreis im BGM. Gesundheits-Apps, Wearables bis zu Gesundheitscentern ermöglichen, Gesundheitsförderung auf die Bedarfe eines jeden Mitarbeiters abzustimmen. Umsetzen lässt sich dies unabhängig davon, ob Mitarbeitende in einer Firmenzentrale oder Niederlassung sitzen und unabhängig davon, wann die Mitarbeitenden aktiv werden wollen, ob vor, während oder nach der Arbeit. Dadurch ist BGM 4.0 **zeit- und ortsunabhängig** und eröffnet neue Perspektiven für Unternehmen und Mitarbeitende. Dazu müssen sich die Angebote den variierenden Kontexten anpassen, was durch mobile Health-Ansätze verwirklicht wird (Abschn. 4.1).

> **Das BGM der Moderne ist kein BGM der Masse**
>
> Deregulierung, Dezentralisierung und Deinstitutionalisierung sind die Voraussetzungen für ein maßgeschneidertes BGM. Der Einzelne erarbeitet selbstbestimmt ein persönliches Gesundheitskonzept mit Expert/innen im BGM. Technisch ist die Personalisierung umsetzbar, jedoch bleibt die Herausforderung bestehen, Gesundheits- und Medienkompetenz der Anwendenden nebst der Selbstregulation als Empowerment-Strategie zu befördern.

1.4   Treiber des BGM 4.0

> ▷   Niemand wird die mächtigen Digitalimpulse leugnen. Sie kommen aus allen Sphären, d. h. aus Wirtschaft, Gesellschaft, Bildung, Rechtsprechung oder Technologie. Der Digitaldruck ist unausweichlich. Zu lange hat sich das BGM der konsequenten Digitalisierung widersetzt und läuft damit Gefahr, ihre Anschlussfähigkeit zum digitalen Zeitalter einzubüßen.

Globale Megatrends wie demografischer Wandel, Globalisierung, Individualisierung oder Wissensgesellschaft hinterlassen ihre Spuren im BGM (Matusiewicz und Kaiser 2018). Abb. 1.3 illustriert primäre und sekundäre **Treiber der**

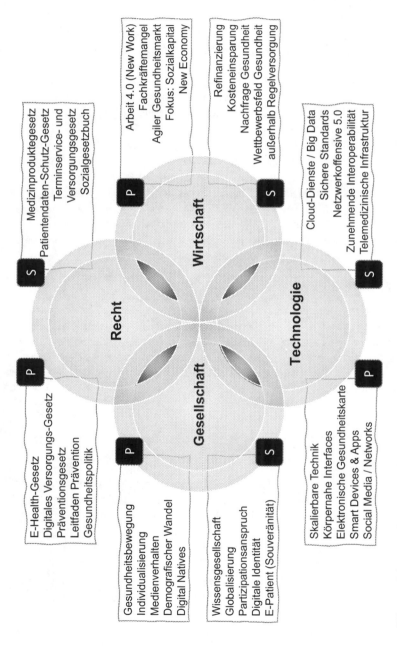

Abb. 1.3 Primäre und sekundäre Treiber bezogen auf BGM 4.0

Digitalisierung (Bertelsmann 2016). Wenn das BGM nicht den Anschluss an die digitale Welt und an die Arbeitswelt von morgen (New Work) verlieren möchte, dann muss sich BGM zum BGM 4.0 transformieren. Ubiquitär sind Streaming-Dienste, Videochats von Sportstunden über Konferenzen bis Webinare, Online-Plattformen, Internet der Dinge, E-Commerce – eine digitale Begegnung ist vorprogrammiert. V. a. die **Digitalisierung im Gesundheitssektor** nimmt deutlich an Fahrt zu (Abschn. 4.1). Im Gesundheitsmarkt findet man nicht nur Gesundheits-Apps und Wearables als skalierbare Massenprodukte, sondern personalisierte Instrumente wie das Online-Coaching und EAP (neutrale Beratung von Mitarbeitenden) bis zu digitalen BGM/BEM-Komplettsystemen. Dieser technologische Zenit ist begleitet durch einen **kulturellen Wandel,** denn die Anwender/innen begreifen sich als souverän, pro-aktiv und emanzipiert im Gegensatz zum Bild des passiven und erduldenden Patienten in der Gesundheitsversorgung.

Apps auf Rezept, digitale Helfer für Migräne, Schlaflosigkeit, Bewegungsmangel, Stress, Verdauungsprobleme, Angstbewältigung bis zum digital unterstützten Zähneputzen – es gibt keine Grenzen. Der Gesundheitsmarkt explodiert, die Rechtsprechung reagiert. **Rechtliche Impulse zur Digitalisierung** bieten das E-Health Gesetz, Präventionsgesetz 2015, SGB V/IX, das DVG und PDSG (Krüger-Brandt 2019). BGM 4.0 kann von der aktuellen Gesetzgebung profitieren, bspw. bei der Refinanzierung von digitalen Angeboten durch Sozialversicherungsträger. Dennoch gilt, dass technische Innovationen oftmals bahnbrechend sind, aber rechtliche Regularien hintanbleiben.

Dieser Digitalisierungsdruck trifft ferner auf eine **digitale Arbeitswelt** (Abschn. 1.1), die nicht nur die technische Infrastruktur bietet, sondern auch eine positive Einstellung der Mitarbeitenden in Bezug auf den digitalen Wandel als *digitaler Mindset* manifestiert. Die kritischen Argumente des Datenschutzes hinsichtlich der Digitalisierung im BGM lassen sich zum Teil relativieren, denn neue Technologien und Authentifizierungswege ermöglichen **höhere Sicherheitsstandards** (Kap. 3), wie bspw. Blockchain als manipulationssichere Speicherung von Daten in verketteten Datenblöcken. Ob es in Zukunft sogar so weit geht, dass bspw. in der Medizin ein Digital Twin (virtueller Patient) zur Erprobung personalisierter Therapien verwendet wird, lässt sich derzeit nur erahnen, offenbart aber den Möglichkeitsraum der Digitalisierung mithilfe der Blockchain-Technologie (Million 2020, S. 89 ff.).

Zudem hat sich in den letzten Jahren das **Medienverhalten** drastisch verändert, sodass Abwehrreaktionen bei digitalen Gesundheits- und Präventionsangeboten abnehmen. Schon die Corona-Pandemiekrise manifestiert, wie anpassungsfähig Mitarbeitende sind. Was bislang nur analog oder im Offline-Modus bewältigbar schien, lässt sich nunmehr im Online-Modus realisieren. Dennoch ist zu beachten, dass die Mehrzahl der Anwendenden schon aufgrund der Altersstruktur keine *Digital Natives* sind. Vermutlich sind die Digital Natives aber eine treibende Kraft zur flächendeckenden Abbildung des D-BGM.

Ein weiterer Treiber ist die **Kosteneinsparung** in Anlehnung an den § 2 SGB V, der die Beachtung des Wirtschaftlichkeitsgebots einfordert. Dies betrifft auch das BGM. Ohne Qualitätsverluste mehr Offerten zu realisieren, erfordert ein D-BGM. Online-Präventionskurse können gemäß § 3,34 Einkommenssteuergesetz steuerbefreit sein. Eine Förderung durch Krankenkassen ist denkbar, wenn Online-Angebote zertifiziert sind (GKV 2020; ZPP 2020). Förderbar sind variierende Formate von Onlinekursen, Webinaren über Gesundheitscoaching bis zu Health Serious Games. Communities, Foren und Informationsplattformen sind ausgeschlossen.

Die Treiber versprechen eine **hohe Durchdringung digitaler Tools.** Ist dies Verheißung oder Realität? So dokumentieren eigene Gesundheitserhebungen zur Frage *„Setzen Sie im Alltag digitale Tools wie Wearables, Fitness-Coachs oder Gesundheits-Apps schon erfolgreich ein?"* eher noch ein reserviertes Ergebnis, denn nur knapp 16 % bejahen dies eindeutig und etwa 15 % geben „ab und zu" an (N = 1021). Das Resultat signalisiert, dass die Digitale Agenda im BGF noch Luft nach oben hat.

Digitale Gesundheitsagenda

Das politische Statement ist ein Mantra: *Wir dürfen nicht den Anschluss verlieren!* Voraussetzungen werden aus technischer, politischer, wirtschaftlicher und rechtlicher Sicht geschaffen, aber oftmals hinkt das BGM der Innovation hinterher und blickt zu oft zurück. Keine Angst vor der Digitalisierung im BGM ist die Devise, denn diese ist nicht aufzuhalten und infiltriert alle Lebensdomänen.

Handlungsfelder im BGM 4.0

2

> ▶ Die Zukunft des BGM ist digitalisiert, personalisiert und vernetzt. BGM 4.0 schafft eine integrierte Plattform, um gleichermaßen den Anspruch der organisationalen und individuellen Fitness als eine Win-Win-Situation zu begreifen. Der Sockel ist eine gesunde Organisation. Das digitale Modell verknüpft Verhältnis- und Verhaltensprävention. Niederschwellige personalisierte Zugänge zu den Handlungsfeldern Information, Kommunikation und Transaktion fungieren als Türöffner zur gesunden Organisation.

Die digitale Verknüpfung der Verhaltens- und Verhältnisprävention kennzeichnet ein ganzheitliches Präventionsmodell als virtuelles Gesundheitscenter (Kap. 3). Aus inhaltlicher Sicht baut das digitale Modell auf drei Säulen auf, um das vielfältige Angebot im BGM zu clustern (Abb. 2.1). Das **Portfolio des digitalen BGM** reicht von Fitness-Trackern über Informationssysteme und Gesundheitssoftware bis zum Online-Coaching. Smartphones, Tablets und Wearables ermöglichen orts- und zeitunabhängiges Gesundheitsverhalten (Mobile Health). Sie tragen damit der faktischen Entgrenzung der Lebensdomänen Rechnung. **Digital Health** subsumiert die Handlungsfelder Information, Kommunikation und Transaktion.

> Digital Health ist „die kooperative und/oder interaktive Anwendung von modernen Informations- und Kommunikationstechnologien zur Verbesserung der Gesundheitsversorgung und Bevölkerungsgesundheit." (Bertelsmann 2016, S. 7)

M. Treier, *Betriebliches Gesundheitsmanagement 4.0 im digitalen Zeitalter*, essentials, https://doi.org/10.1007/978-3-658-33261-7_2

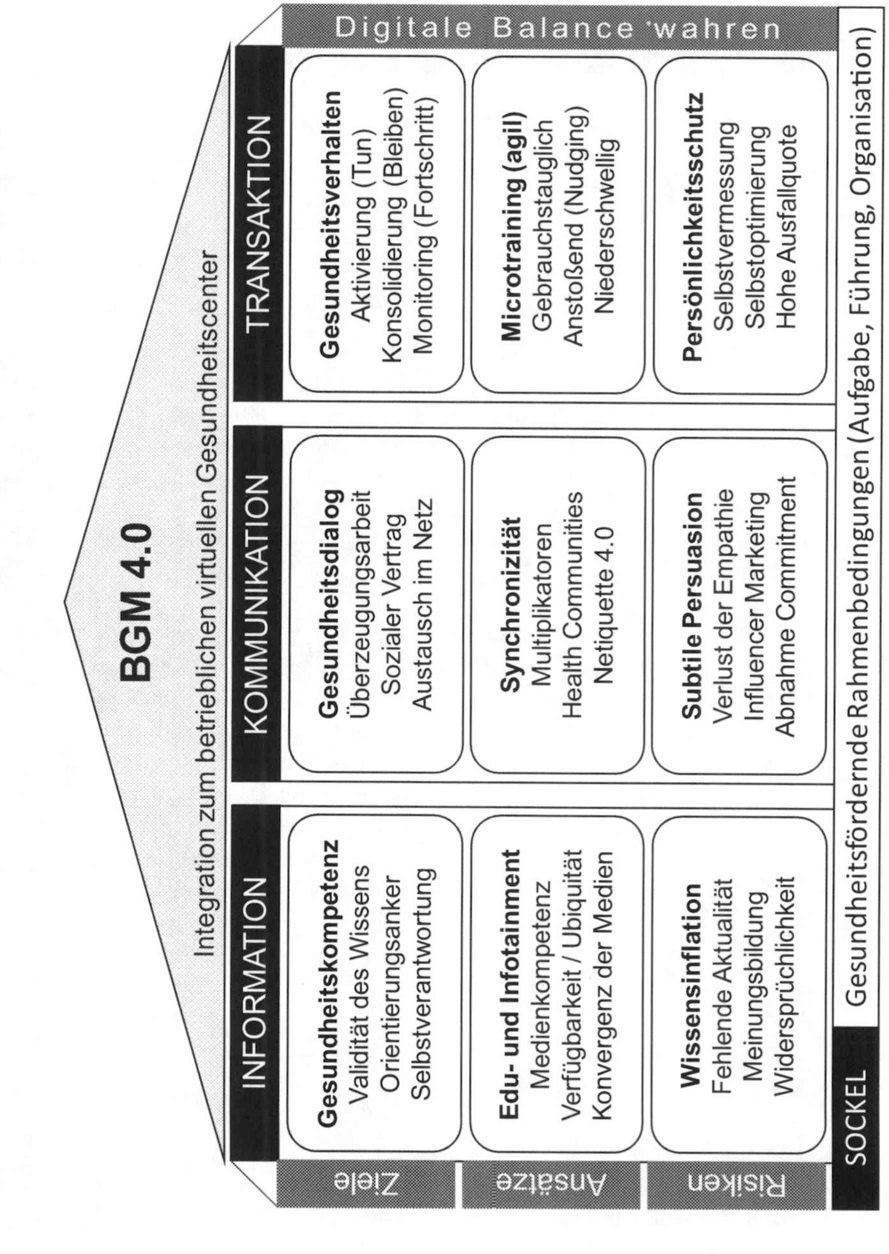

BGM 4.0

Integration zum betrieblichen virtuellen Gesundheitscenter

Digitale Balance wahren

INFORMATION

Gesundheitskompetenz
Validität des Wissens
Orientierungsanker
Selbstverantwortung

Edu- und Infotainment
Medienkompetenz
Verfügbarkeit / Ubiquität
Konvergenz der Medien

Wissensinflation
Fehlende Aktualität
Meinungsbildung
Widersprüchlichkeit

KOMMUNIKATION

Gesundheitsdialog
Überzeugungsarbeit
Sozialer Vertrag
Austausch im Netz

Synchronizität
Multiplikatoren
Health Communities
Netiquette 4.0

Subtile Persuasion
Verlust der Empathie
Influencer Marketing
Abnahme Commitment

TRANSAKTION

Gesundheitsverhalten
Aktivierung (Tun)
Konsolidierung (Bleiben)
Monitoring (Fortschritt)

Microtraining (agil)
Gebrauchstauglich
Anstoßend (Nudging)
Niederschwellig

Persönlichkeitsschutz
Selbstvermessung
Selbstoptimierung
Hohe Ausfallquote

Ziele **Ansätze** **Risiken**

SOCKEL Gesundheitsfördernde Rahmenbedingungen (Aufgabe, Führung, Organisation)

Abb. 2.1 Handlungsfelder im BGM 4.0

2.1 Information im BGM 4.0

▷ Valides Wissen im Gesundheitsbereich ist eine Herausforderung. Wissen rund um Gesundheit gibt es zuhauf, aber oft sind die Nutzenden überfordert, sich im Dschungel der Gesundheitstipps zu orientieren und dabei die Spreu vom Weizen zu trennen. Ohne Verfügbarkeit von aktuellem und validem Gesundheitswissen fehlt jedoch die Basis für gesundes Verhalten in Organisationen.

Die **Säule Information** ist ein grundlegender Baustein im digitalen Gesundheitsmodell und zielt auf die Gesundheitskompetenz (Schaefer und Pelikan 2017).

▷**Gesundheitskompetenz** ist mehrdimensional. Sie befähigt Menschen, ihr Leben gesundheitsbewusst zu gestalten sowie eigenverantwortlich und selbstregulativ auf Angebote im Gesundheitswesen zurückzugreifen, um eine gesundheitsförderliche Lebensführung zu ermöglichen.

BGM 4.0 unterstützt die Anwender/innen, Gesundheitsinformationen zu finden, zu verstehen, zu bewerten und anzuwenden. Dies kristallisiert sich in Anbetracht der Hyperinflation gesundheitsmedialer Präsentationen und widersprüchlicher Gesundheitsempfehlungen bis zu Fake News i. S. der **Infodemie** als eine diffizile Aufgabe heraus. In eigenen Gesundheitsbefragungen geben knapp 39 % an, dass sie sich regelmäßig über gesundheitsrelevante Themen im Internet informieren, aber etwa nur 18 % vertrauen auch diesen Informationen, wenn es um ihre eigene Gesundheit geht (N = 1435). Aus gesundheitspsychologischer Sicht ist ferner die Fähigkeit zur Selbststeuerung grundlegend, damit aus dem Wissen kein träges Wissen, sondern eine **handlungsorientierte Gesundheitskompetenz** resultiert (Abschn. 4.2) (Knoll et al. 2017).

Gesundheitswissen existiert, jedoch gebricht es oft an der Beherrschbarkeit des Wissens im digitalen Zeitalter. Ein **digitaler Führerschein zur Gesundheitskompetenz** ist vonnöten (Langkafel und Matusiewicz 2021). Aufgrund der unkontrollierten und überbordenden Inflation an Gesundheitsinformationen ist eine **Orientierungshilfe** erforderlich, die auch zur Immunisierung gegen die Infodemie beiträgt. Solche gefilterten und redaktionell aufbereiteten Informationen lassen sich im Intranet einer Organisation realisieren. Bei eingeschränkter Eigenexpertise ist es sinnvoll, auf geprüfte Informationsplattformen zu rekurrieren, wie bspw. die Plattform www.psyga.info oder die Nationale Gesundheitsplattform https://gesund.bund.de. Einen etwas anderen Weg beschreitet das interdisziplinäre

Projekt „*Orientierungshilfe im Umgang mit digitalen Gesundheitsinformationsangeboten*" (OriGes). Auf der Web-Seite www.gesund-im-netz.net werden Hilfen zur Online-Recherche in Bezug auf Gesundheitsthemen gegeben.

Um der Desorientierung entgegenzuwirken sind *Wissensimpulse als Orientierungsanker* zu setzen, ohne als Influencer oder Testimonial zu fungieren (Abschn. 2.2). Es geht primär um **Infotainment** i. S. des T_3-Konzepts, d. h. „*Tipps, Tricks und Ticker*". Dabei empfiehlt es sich, auf validiertes Wissen im Netz zu verlinken und Hilfen zur Online-Recherche zu geben. Ob man über Unternehmenswiki oder Blogs als Erweiterung nachdenkt, ist v. a. der Aufwandsseite und der Personalkapazität geschuldet. Bei der Verlinkung ist zu beachten, dass bei „Dr. Internet" viele Ratgeberseiten, Gesundheitsportale und Online-Lexika nicht qualitätsgesicherte Informationen liefern und dass Unsicherheit und Ambiguität im Hinblick auf Gesundheitsthemen bestimmend sind. In Anlehnung an die **Psychoeduktion** gilt es, fundiertes Gesundheitswissen zugänglich und verständlich zu machen sowie Betroffenheit auszulösen, um die Compliance zu steigern, sich selbstbestimmt mit seiner Gesundheit zu befassen.

Die **Informationsverfügbarkeit** bspw. über Portale, Webinare, Health Podcasts, Gesundheitsforen, Newsletter ist elementar, um zu sensibilisieren und Orientierung zu geben. Zu beachten ist aber, dass in der Arbeitswelt nur relativ kurze Aufmerksamkeitsspannen vorliegen, sodass das Gesundheitswissen um die Aufmerksamkeit buhlt und sie auch nur für flüchtige Spannen beanspruchen kann. Da die Anwender/innen über verschiedene Wege auf die Gesundheitsinformationen der Organisation zurückgreifen, ist eine **orts- und zeitunabhängige Bereitstellung der Informationen** mithilfe eines responsiven und adaptiven Designs aufgrund der Variabilität der Endgeräte erforderlich. Die Darstellungsqualität und Logik der Bedienführung sind nach softwareergonomischen Qualitätskriterien gemäß ISO 9241 standardisiert zu gestalten.

> **Zugänglichkeit und Leichtigkeit der Gesundheitsinformationen**
>
> Entscheidend ist nicht die Menge an validen Informationen, sondern das Angebot an verständlichen Orientierungsankern als Anregung zur eigenständigen und qualifizierten Informationsrecherche. Das Gesundheitsmarketing kann exploratives Verhalten befördern.

2.2   Kommunikation im BGM 4.0

▷   Im Zeitalter von Web 2.0 konvergieren asynchrone und synchrone Formate beim Austausch. Die Vernetzung ermöglicht mehr Synchronizität
im BGM. Homeoffice- und Remote-Konzepte sind aus kommunikativer
Sicht in der betrieblichen Gesundheitsstrategie nicht mehr wegzuden-
ken, um Mitarbeitende orts- und zeitunabhängig zu erreichen und die
Interaktion zu befördern.

Mehr Gesundheit durch Kommunikation ist das Credo im digitalen Zeitalter.
Wikis, Micro- bzw. Weblogs wie Twitter über Social Networks wie Face-
book, Auskunfts- und Bewertungsportale bis zu Sharing-Portalen wie Instagram
kennzeichnen **interpersonale und massenmediale Kommunikationsformate** im
digitalen Gesundheitszeitalter (Digital Social Sharing) (Altendorfer 2017; Kalch
2020). Die Grenze zwischen Information, Kommunikation und Marketing im
Gesundheitsbereich verschwimmt zusehends, wenn bspw. aus Podcasts Live-
Podcasts werden oder es den gesundheitsbewussten Menschen kaum gelingt,
sich dem Hype der Gesundheits-Influencer zu entziehen. Die Bereitschaft, persönliche Daten öffentlich und digital zu teilen (Lauf-Apps), nimmt stetig zu
bis zur Nutzung einer digitalen Gesundheitsakte (Personal Health Recording,
Self- und Public-Tracking) (Abschn. 3.1). Die Verschmelzung verschiedener
Informations- und Kommunikationskanäle i. S. einer **digitalen Konvergenz**
von Gesundheitsmedien schafft Potenziale, aber auch Risiken im Bereich des
Daten- und Persönlichkeitsschutzes. *Sind diese Effekte der sozialen Mediennutzung im Gesundheitswesen als positiv einzustufen oder beeinflussen sie negativ
eine selbstkritische Gesundheitsbildung?* Solche und andere Fragen tangieren das
Handlungsfeld Kommunikation (Hurrelmann und Baumann 2014). *Lässt sich dieser Trend im BGM 4.0 konstruktiv nutzen oder sollte sich das BGM 4.0 davon
bewusst distanzieren?*

Im Gesundheitssektor wird zwischen **Bloggern** (Autor/in im Web, variierende Formate vom
Erfahrungsbericht über Journalismus bis zum Wissenschafts-Blog), **Influencern** (Storytelling
über Instagram & Co, vom Mega- bis zum Mikro-Influencer, vom Profi bis zum Betroffenen)
und **Testimonials** (Fürsprecher/in für Gesundheitsprodukte bzw. -botschaften) differenziert.
Die Rollen verschieben sich in Anbetracht des Austauschbedürfnisses und Informationshun-
gers zu Gesundheitsthemen zusehends ineinander – gemeinsam ist ihnen, dass Protagonisten
im Web Orientierung geben. Oftmals fällt es den Followern oder Recherchierenden schwierig
zu erkennen, ob es sich um ein Format des subtilen Marketings (Persuasion) oder um authen-
tische Aufklärung jenseits klassischer Medien handelt. Ein Blick auf Quellenangaben oder

Verweise, Ausbildung und Hintergrund der Person sowie Vorkommen von Werbung kann offenbaren, wie seriös der Kommunikationskanal ist.

Das Handlungsfeld der Kommunikation ist aufgrund seiner immanenten Dynamik schwieriger in der Umsetzung als die Implementierung einer redaktionell aufbereiteten Informationsplattform. Doch BGM 4.0 will nicht nur informieren, sondern beteiligen und sozialen Interaktionen Raum geben. Besonders diffizil ist die Wanderung zwischen privaten und betrieblichen sozialen Netzwerken. Grundlegend ist daher für das Kommunikationsfeld, dass **Richtlinien** zur Kommunikation vorliegen, um einen respektvollen, moralisch und sachlich angemessenen Umgang als Netiquette zu gewährleisten. Gerade für den sensiblen Bereich der Gesundheit bedarf es hier einer Social-Media-Strategie mit transparenten Kommunikationsleitlinien, die auf eine **Ethik der Digitalisierung** im Rahmen einer Digital Policy rekurrieren (Schnell in Scherenberg und Pundt, S. 277 ff.). Die Kommunikationstiefe im BGM 4.0 variiert vom Health Blog und Support-Foren über Chats und Online-Coaching bis zu virtuellen Gesundheits- oder Präventionsteams. Für alle diese Formate gelten dieselben Regeln.

Nach Altendorfer (2017, S. 34 f.) geht es beim Handlungsfeld Kommunikation nicht nur um den Konsum von Gesundheitsinformationen, sondern um aktive Einflussnahme, soziale Motivation, Austausch von Interessen und Wissen sowie um Verhaltensänderung. Viele dieser kommunikativen Prozesse laufen autonom und nicht moderiert ab – es entstehen **Health Communities** mit Lifestyle-Orientierung. So kann ein betrieblicher Lauftreff die sozialen Netzwerke zur Administration, aber auch zum Austausch (Storytelling) und zur Motivation verwenden sowie kompetitive Impulse setzen (Challenges) und die Reichweite der Follower erhöhen.

Hier stellt das BGM 4.0 eine **Kommunikationsplattform** mit einem Verhaltenskodex zur Verfügung. Wichtig ist das begleitende E-Coaching als **Response- und Interaktionsmodell** (Abschn. 3.3). Ähnlich wie das EAP kann durch internes oder externes Health-Coaching die (psychische) Gesundheit und Leistungsfähigkeit der Mitarbeitenden v. a. in kritischen Situationen zeitnah gefördert werden – hier wird aus Kommunikation Transaktion (Abschn. 2.3). Dabei dominieren synchrone Kommunikationsformate, die klassisch analog, aber auch per Telefon, Chatroom oder Videokonferenz erfolgen. Diese **interpersonale Kommunikation** stellt nur die Spitze des Eisbergs dar. Denn viele Themen lassen sich auch in autonomen bzw. moderierten Selbsthilfegruppen oder in virtuellen Gesundheitsteams erarbeiten. Das digitale Format erlaubt hier trotz dezentraler Organisation eine Verknüpfung von Menschen mit ähnlichen Herausforderungen und Erwartungen. Aufzupassen ist, dass sich beim sozialen Netz möglichst kein subtiles

Marketing mit persuasivem Einfluss einschleicht. Ein Online-Meldesystem kann diesem Risiko begegnen.

Deutlich wird, dass **BGM in Dialog** tritt (Uhle und Treier 2019, S. 238 ff.). *Tue Gutes und sprich darüber!* Digitale Formate ermöglichen orts- und zeitunabhängige Kommunikation und Verknüpfung von Menschen, die keine soziale Bindung aufweisen. Dabei ist der Übergang zwischen Informationskampagnen zur Gesundheit (Health Campaigning) sowie Gesundheitsberatung als Transaktion (Health Counselling oder Consulting) oftmals fließend. Partner, Botschafter oder Lotse sind Rollen, die verdeutlichen, dass beim Handlungsfeld Kommunikation v. a. der **Multiplikatoren-Ansatz** dominiert, um Gesundheitswissen dialogisch weiterzugeben und zu verbreiten.

Expert/innen der Gesundheitskommunikation befürchten jedoch, dass durch die Digitalisierung die **Authentizität des Dialogs** verloren gehen kann. *Wird die Gesundheitsbotschaft durch Digitalisierung entemotionalisiert?* **Emotionen** sind im Gesundheitsbereich wichtig, wenn es um Vorleben und Erleben geht. Die missionarische Information (Kognition) – lebe gesund – bleibt oft wirkungslos, wenn sie nicht emotional begründet ist. Im Handlungsfeld Kommunikation ist die überwiegend auf Kognition ausgerichtete Information als Perzeption (Abschn. 2.1) durch interaktionsbegleitende affektive Momente in Dialogformaten anzureichern, um eine **aktivierende Informationsrezeption** zu erzielen. Der soziale Austausch – bspw. zwischen Mitarbeitenden und Gesundheitskoordinator/innen – schafft neue soziale Kontexte und ermöglicht eine **digitale Empathie.** Hier wird insb. im Bereich der digitalen Patientenkommunikation geforscht (Kalch 2020). Die Herausforderung ist mithin, eine **digitale Balance hinsichtlich Information und Emotion** zu schaffen und als Bindeglied zwischen der *authentisch emotionalen und der rezeptiv digitalen Gesundheitswelt* zu fungieren. Gesundheitsthemen lassen sich mit Humor vermitteln, interne Gesundheitsbeauftragte treiben das Thema mit Persönlichkeit voran. Das Motto lautet: *„Gesundheit bewegt",* gleichviel ob im digitalen oder analogen Modus.

Erweitert geht es dann nicht mehr nur um digitale Austauschprozesse und deren Moderation, sondern um eine **Gesundheits- und Vertrauenskultur,** wenn es nicht mehr nur um Einzelne und ihre Interaktionsreichweite im Mikro- und

Mesokosmos geht, sondern diverse Stakeholder wie Führungskräfte gemeinsam am Strang der gesunden Organisation ziehen (Uhle und Treier 2019).

Kommunikation als agiles Moment im BGM 4.0

Vielfalt der Kommunikationskanäle, Medienkonvergenz, Einsatz synchroner Formate und ein professionelles Responsemanagement skizzieren Herausforderungen im BGM 4.0. Das Handlungsfeld Kommunikation ist prozessbegleitend und bezieht sich gleichermaßen auf Gesundheitskommunikation und Gesundheitsmarketing. Manche Kommunikationswege beschreiben Transaktionen, denn Kommunikation kann aus Gesundheitssicht bewegen.

2.3   Transaktionen im BGM 4.0

▶ Transaktionen sind im digitalen Zeitalter nicht nur vielfältiger, sondern maßgeschneiderter und beschreiten neue Wege bspw. im Feld der Augmented Reality. In diesem Kapitel geht es aber nicht um Zukunftsszenarien, sondern um Zugänglichkeit, Reichweite und Niederschwelligkeit als Basisanforderungen. Gesundheitsbildung findet orts- und zeitunabhängig im Mikroformat in Etappen statt – dieses Lernkonzept bestimmt fundamental die Transaktionen, die von Leichtigkeit geprägt sind.

Im Abschn. 4.1 wird die digitale Toolbox als Nukleon der Transaktionen vorgestellt. An dieser Stelle geht es um **generelle Gestaltungsparameter.** Das klassische BGM fokussiert v. a. auf Transaktionen, die eine relativ hohe Aufmerksamkeit und zeitliche Bindung erfordern. Im BGM 4.0 findet hier ein Paradigmenwechsel zum **Microlearning** bzw. Microtraining statt (Trainieren in kleinen Häppchen), um die Methoden ressourcenschonend in den Arbeitsalltag zu integrieren und damit arbeitsplatznahe Gesundheitsbildung zu ermöglichen (Burkhart & Hanser in Matusiewicz und Kaiser 2018, S. 51 f.). **Learning Nuggets** (Goldstückchen) als Kurzformat profitieren vom digitalen Wandel. Die Größe der Nuggets ist abhängig von Inhalt und Didaktik, um fragmentiertes Lernen als Risiko abzuwehren.

▶ Beim **Microlearning** erfolgt die Gesundheitsbildung in Etappen bzw. im Kurzformat, um zeit- und ortsunabhängiges Lernen zuzulassen. Diese niederschwellige

Transaktion eignet sich, um Gelerntes im Alltagshandeln zu konsolidieren (Adhärenz) und zu verinnerlichen (Elaboration), da die Lerneinheiten als nicht störend empfunden werden. Gesundheitsbildung findet en passant als inzidentelles Lernen statt. Diese multimedialen Impulse setzen auf Videos, Short Breaks, spielerische Elemente oder Infografiken. Die zugrunde liegenden *Learning Nuggets* sind abwechslungsreich designt, um ihre motivationale Wirkung zu entfachen. Aus didaktischer Sicht lassen sich die Lernhäppchen zu hierarchisch strukturierten Lernzielen verknüpfen. Sequenzierung (zeitliche Abfolge) und Segmentierung (Informationseinheiten) des Lernstoffs verhindern bei digitalen Formaten eine mentale Überlastung. Durch modulare Konzepte sind aufbauende Kompetenzeinheiten möglich.

Dieser Paradigmenwechsel impliziert nicht, dass man den analogen Stecker zieht. So lassen sich beim **Blended Learning** als Kombinationsformat analoge Anwesenheitsslots mit digitalen Mikroformaten zur Intensivierung verknüpfen. Gesundheitsbotschaften lassen sich unterhaltsam verpacken (Edu- und Infotainment) oder Anregungen zu Gesundheitsverhalten nicht-invasiv vermitteln. Damit erzielt man **agiles Lernen** hinsichtlich der Gesundheitskompetenz. Agiles Lernen bedeutet hier selbstorganisiert, vernetzt, digital und personalisiert. Eine profilbasierte Vernetzung mit anderen ist mit Hilfe sozialer Netzwerke zu arrangieren, sodass auch **Social Learning** ermöglicht wird. Aus betriebswirtschaftlicher Sicht sind diese Lerneinheiten kostengünstig, skalierbar und den Erwartungen anpassbar. Die Entwicklung der Nuggets kann ferner durch Autorentools ohne fremde Hilfe erfolgen, wenn Expertise zur Content-Abbildung vorliegt.

> ▶ Bei der **Eigenentwicklung** ist zu beachten, dass nicht nur die Inhalte, sondern auch das didaktische Design für den Erfolg des Microlearning maßgeblich sind (vgl. Niegemann und Weinberger 2020). Die Professionalisierung des Instruktionsdesigns hinkt aus psychologischer und pädagogischer Sicht oftmals jedoch der technologischen Bildungsinnovation hinterher.

Niederschwellige und praxisnahe Angebote sollten keine Zusatzbelastung induzieren, sondern helfen, Gesundheitsziele im Realitätscheck des Arbeitsalltags zu verfolgen (Abb. 2.2). So könnte bspw. eine Mikro-Arbeitspause dazu anregen, Übungen zur Stärkung der Nackenmuskulatur am Bildschirmarbeitsplatz durchzuführen, wenn es der Publikumsverkehr zulässt. Analog zum **Nudging** im Marketing als verhaltensökonomischer Ansatz wird der gesundheitsmündige Adressat als Konsument 2.0 im Gesundheitsbereich respektiert (E-Patient) (Rose in Matusiewicz et al. 2021, S. 163 ff.). *Anstupsen* ohne Druck und Mahnung ist die Maxime einer erwachsenengerechten Didaktik. Die Anwendenden werden durch gepulste Lernelemente sensibilisiert und entwickeln dabei einen eigenen Sog, selbstorganisiert das Thema zu vertiefen. Scoring, Gamification und interaktive Bausteine steigern diese Sogwirkung.

Neben Niederschwelligkeit und Zugänglichkeit sind v. a. **Gebrauchstauglichkeit** (Usability), Benutzererlebnis (User Experience), leichte und barrierefreie Bedienbarkeit sowie Abrufbarkeit von Angeboten auf Bedarf (On-Demand) zentrale **Attribute von Transaktionen** im BGM 4.0. Der Vollzeitmitarbeitende vor Ort ist ein Auslaufmodell. In der modernen Arbeitswelt sind dezentrale Arbeitsplätze und flexible Arbeitszeitmodelle prägend. Daher muss das BGM 4.0 v. a. auf eine **Reichweitenerhöhung** in Bezug auf Menge, Ort und Zeit setzen, denn es besteht ansonsten das Risiko, das Adressaten ausgegrenzt werden. So haben bspw. Mitarbeitende in Teilzeit und/oder in mobilen Arbeitsplätzen eine niedrigere Wahrscheinlichkeit, an klassischen gesundheitsbildenden Maßnahmen teilzunehmen. Trotz erhöhter Reichweite und einfacher Zugänglichkeit muss dennoch der Einzelne „angestupst" werden, um ins Fahrwasser der BGF zu gelangen. Dies erfolgt am besten durch ein mit den digitalen Medien verknüpftes Token-System als **Incentivierung.** Positive Resonanz wird durch ein **Gesundheitsmotivationsmodell** erzielt, das *intrinsische* (Aktivierung durch Inhalt), *extrinsische* (Aktivierung durch Belohnung) und *soziale* (Aktivierung durch andere) Motivatoren berücksichtigt und dabei auf dem gesundheitspsychologischen Konstrukt der Selbstwirksamkeit fußt (Abschn. 4.2) (Knoll et al. 2017).

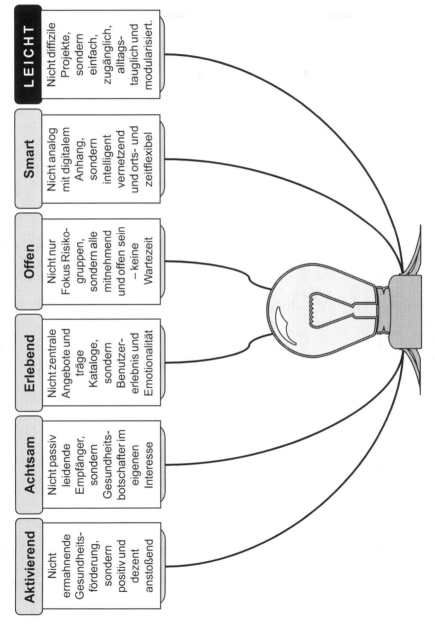

Abb. 2.2 Entdeckung der Leichtigkeit im digitalen Gesundheitsmodell

Mikroformate als Goldnuggets

Transaktionen im BGM 4.0 sind niederschwellig, leicht zugänglich, intuitiv bedienbar, aktivierend und lassen sich im Arbeitsalltag integrieren. Sie weisen ein positives Anreiz-Beitrags-Verhältnis auf und schaffen damit ein hohes Commitment. Diese Mikroformate als *Goldnuggets* sind in einem personalisierten Lernplan zu verknüpfen und als Journal der Transaktionen transparent abzubilden, um dem Gebot der Modularisierung zu entsprechen. Ein Anreizmanagement unterstützt die Teilnahmewahrscheinlichkeit und reduziert Drop-outs.

Integration als virtuelles Gesundheitscenter

3

> Programme in den Handlungsfeldern Information, Kommunikation und Transaktion sind keine isolierten Interventionen, sondern als Präventionsmatrix zu verknüpfen. Dabei sind Personalisierung, Monitoring und Koordinierung zentrale Features des virtuellen Gesundheitscenters, um Ordnung im digitalen Chaos zu schaffen.

„Richtig gemanagt werden uns der digitale Wandel und das Mehr an flexibler Arbeit gesünder und leistungsfähiger machen." (Stephan Böhm, Universität St. Gallen) (Social Health@Work 2020, S. 2)

Information, Kommunikation und Transaktion sind nicht als isolierte Ansätze zu begreifen, sondern sie werden als ganzheitliches Gesundheitsmodell kombiniert. Grundlegend ist dabei eine mehrdimensionale Präventionsmatrix, um ein **Multikomponenten-Programm** im BGM zu realisieren. Im digitalen Präventionsmodell werden die Ansatzpunkte Verhalten und Verhältnisse sowie die Stufen primär, sekundär und tertiär berücksichtigt (Uhle und Treier 2019) (Abb. 3.1). In Abhängigkeit vom Reifegrad BGM lassen sich drei **Integrationsstufen** differenzieren:

1. *Extension:* Bei der Adnex-Strategie bleibt im BGM alles beim Alten, jedoch erweitert durch digitale Angebote – meistens auf der Informationsebene (Add-on). Dieser rudimentäre Einstieg ins Digitalmodell ist zwar zügig realisierbar, aber oftmals nicht nachhaltig.
2. *Step by Step:* Bei der Substitutionsstrategie wird schrittweise alles digitalisiert, was sich aus inhaltlicher und didaktischer Sicht sinnvoll digitalisieren lässt. Das BGM als Steuerungskonzept verbleibt vorerst im klassischen Modus. Im

M. Treier, *Betriebliches Gesundheitsmanagement 4.0 im digitalen Zeitalter*, essentials, https://doi.org/10.1007/978-3-658-33261-7_3

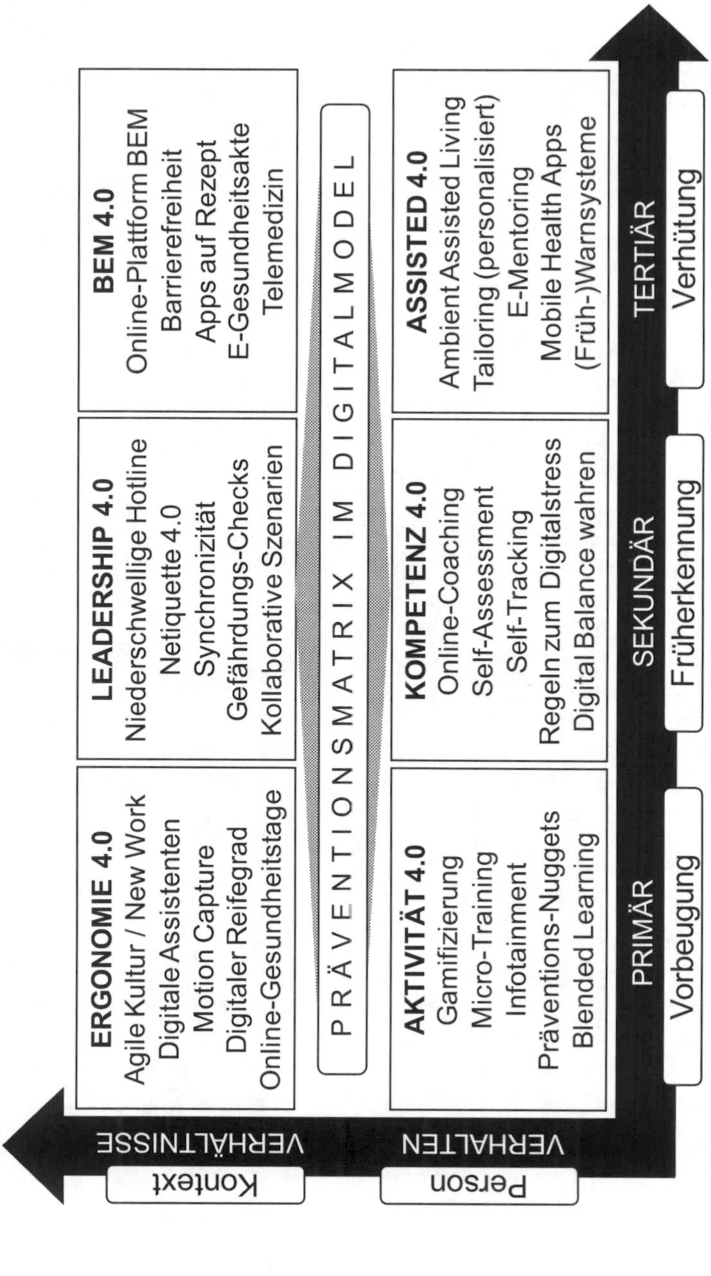

Abb. 3.1 Präventionsmatrix im BGM 4.0 – beispielhafte Ansatzpunkte

BGF wird der Digitalmodus fokussiert, und sukzessive erfolgt eine Wandlung zum D-BGM.

3. *Blended:* Bei der Transformationsstrategie hat das Digitalmodell Vorfahrt bei Inhalten, Administration und Management als konsequenter und konsistenter Weg zum digitalen Gesundheitsmodell. Digitale Ansätze werden durch analoge Angebote bereichert und vice versa. Das BGM transformiert zum BGM 4.0.

Es gibt keine einfache *Blaupause* für das BGM 4.0. Als Herausforderung bei der Integration kristallisiert sich die Aufrechterhaltung der Ordnung heraus. Die explodierende Vielfalt an Angeboten nebst dem Anspruch der Personalisierung erfordern ein **flexibles Framework,** das der Work-Life-Balance Rechnung trägt. Eine **digitale Plattform** dient als Ausgangspunkt zur Administration und Steuerung. Die Projektinitiierung sollte aus dem BGM-Kreis erfolgen, u. a. vertreten durch Betriebsrat, Personalmanagement, Arbeitsmedizin und AGS. Eine konzertierte Aktion verspricht hier mehr Durchschlagskraft. Als Managementmodell fungiert hier der PDCA-Zyklus (Plan, Do, Check, Act).

Eine grundlegende Frage ist vorab zu stellen: *Ist es sinnvoll, einen begrenzten Pilot oder flächendeckend vorzugehen?* Ein Prototyp Test hat den Vorteil, dass die Explorationsfreude eher gegeben ist als bei einem flächendeckenden Roll-out. Andererseits wird das Projekt BGM 4.0 ausgebremst, da mehrere Gesundheitsmodelle koexistieren. Eine **limitierende Strategie** ist aufgrund vieler Unwägbarkeiten dennoch zu präferieren, sollte aber nicht die Reichweite, sondern die inhaltlichen Schwerpunkte betreffen. Am Anfang empfiehlt sich, die Inhaltszentren auf **Gesundheitskommunikation und Verhaltensprävention** auszurichten, da diese in der privaten Lebenswelt dominieren und weniger Berührungsängste bei den Beteiligten hervorrufen (Gateway Modell). Zudem bietet der Markt hier bewährte Instrumente.

3.1 Gesundheitsgirokonto als personale Steuerungseinheit

▶ *„Health impliziert Wealth",* so könnte die Maxime einer individuellen Gesundheitsakte lauten, die Informationen über den Präventionsverlauf als Journal liefert und als Basis für eine nachhaltige Betreuung fungiert. Das Gesundheitsgirokonto als persönliche E-Gesundheitsakte stellt eine personale Steuerungseinheit dar und ist der Schlüssel zum virtuellen Gesundheitscenter.

Bei mehrstufigen Präventionsprogrammen benötigen Teilnehmende und Betreu-
ende ein Tagebuch (Journal) über das Wahrnehmen und Vorwärtskommen im
Management der persönlichen Gesundheit. Das **Gesundheitsgirokonto** lässt sich
als analoge oder virtuelle Karte implementieren und weist Ähnlichkeiten zur digitalen Patientenakte auf (Electronic Health Record). Das analoge Format erfordert
ein Lesegerät, hat aber den Vorteil, dass die Nutzenden mehr Vertrauen in die
Sicherheit ihrer Daten haben (Karte als Datentresor). I. S. eines Girokontos lassen
sich Präventions- und Gesundheitsleistungen selbstbestimmt administrieren sowie
Gesundheitskredite und -guthaben verrechnen. Das Gesundheitsgirokonto ist zur
teilnehmerbezogenen Erfassung aller gesundheitsbezogenen Parameter geeignet
und dient als nachhaltiges Betreuungsinstrument (Treier 2020b). Es ermöglicht ein
lückenloses **Informationsmanagement,** sodass dem beteiligten Fachpersonal eine
effektive Begleitung möglich ist. Die Datenhoheit obliegt dabei ausschließlich den
Eigentümern.

Die **Sorge um die Privatsphäre** lässt sich relativieren, wenn ausreichende
Sicherheitsvorkehrungen aus technischer Sicht beachtet werden und das Gesundheitsgirokonto als autarkes und transparentes System gestaltet ist. Eine überprüfte
Datensicherheit erleichtert die Akzeptanz („TÜV-Siegel"). Zu erwähnen ist, dass
die Selbstvermessung in der Mediennutzung (z. B. Fitness-Apps) bei vielen
schon zur Alltagsroutine gehört. Zahlreiche Anwender/innen speichern und ver-
arbeiten persönliche, Vital- und Gesundheitsdaten in Health-Applikationen auf
ihrem Smartphone, PC oder ihrer Konsole. Auch gibt es immer mehr Gesundheitsportale, die ein individuelles Gesundheitsmanagement begleiten. I. S. der
Selbstbestimmung ist entscheidend, wie die persönlichen Daten verwendet werden
und ob die Erfassung einen individuellen Nutzen erzielt (Rosset et al. in Kalch
2020, S. 117 ff.). Durch transparente Kommunikation und Einsichtnahme lässt
sich die **Intentionsbarriere** zur Aufnahme der Daten in ein Gesundheitsgirokonto
reduzieren.

▶   Die Verfügbarkeit der persönlichen Daten obliegt der Eingabe
     und Übertragung beim Arbeitnehmenden i. S. der **informatio-
     nellen Selbstbestimmung** (Daten Ownership). Aus gesetzlicher
     Sicht müssen Bundesdatenschutzgesetz, Informationsfreiheitsgesetz,
     EU-Datenschutz-Richtlinien bzw. EU Datenschutz-Grundverordnung
     (DSGVO) Berücksichtigung finden. Eine transparente und datenge-
     schützte Umsetzung gewährleistet den Persönlichkeits- und Daten-
     schutz. Das *Recht auf informationelle Privatsphäre* bedeutet umfas-
     sende Kontrolle über Sammlung, Nutzung und Verbreitung von

persönlichen Gesundheitsinformationen analog zur ID-Karte in Estland als Rückgrat der digitalen Gesellschaft. Technologieakzeptanz lässt sich nur durch Selbstbestimmung erzielen.

Das Gesundheitsgirokonto fungiert als **Zentralschlüssel für das virtuelle Gesundheitscenter,** das nicht nur den Verlauf der Interventionen dokumentiert und archiviert, sondern auch Interessen und Einstellungen zur Personalisierung des Gesundheitscenters abspeichert (Abschn. 3.3). Der Schlüssel schafft ein einheitliches und **sicheres Zugangssystem** zu Angeboten, sodass keine wechselnden Zugänge erforderlich sind. Eine Synchronisation diverser Applikationen bei vorhandener Interoperabilität erfolgt über das Gesundheitsgirokonto. Basisfunktionen sind bspw. ein elektronischer Gesundheitskalender, Selbsttests (Self-Assessment) oder ein individuell konfigurierter Gesundheitswecker. Die datenbankbasierte Abbildung ermöglicht zudem den Anschluss an ein Token-System als Punktesystem zwecks Incentivierung (Anreizmanagement).

Das Gesundheitsgirokonto stellt das digitale Werkzeug zum **Management der eigenen Gesundheit** dar. Ausschließlich der Eigentümer und der vom Eigentümer zugelassene Adressatenkreis haben Zugang zu den Daten. Die Eigentümer entscheiden über die Freigabe von Daten bspw. im Zusammenhang mit Coaching- oder Evaluationsprozessen in Organisationen. Zudem lässt sich der Detaillierungs- und Anonymisierungsgrad der Informationen festlegen.

Der Weg zur elektronischen Gesundheitsidentität

Eine elektronische Identität im Gesundheitsbereich ist nicht mehr aufzuhalten und ist in Anbetracht des komplexen Gesundheitswesens und der Entgrenzung der Lebenssphären vonnöten. Einem „verängstigten" und ggf. paralysierenden Datenschutz ist bei Planung und Implementierung des BGM 4.0 Rechnung zu tragen, denn Datensicherheit kristallisiert sich bei Verletzung als kaum verzeihender Basisanspruch heraus.

3.2 IT-basiertes Gesundheitsmonitoring zur Qualitätssicherung

▶ IT-basiertes Gesundheitsmonitoring identifiziert Risiken (Prävention), ermittelt Erfolge (Legitimation) und erhöht die Wirksamkeit (Nachhaltigkeit). Das Gesundheitsmonitoring ist das Rückgrat der gesunden

Organisation und damit ein Kerninstrument des virtuellen Gesundheitscenters.

Gesunde Organisationen benötigen ein digitales **Lotsen- und Navigationssystem,**
um im unruhigen Fahrwasser der Arbeitswelt 4.0 das fragile Human- und Sozial-
kapital zu bewahren und zu befördern (Treie 2020b). Das Gesundheitscontrolling
setzt auf asynchrone Erhebungsinstrumente, bspw. Gesundheitsbefragung, Gefährdungsbeurteilung psychischer Belastung oder die Fehlzeitenanalyse (Uhle und
Treier 2019). Das BGM 4.0 vollzieht hier einen **Wandel vom Output-Controlling
zum aktivitätsorientierten Monitoring.**

▶**Gesundheitscontrolling** erfasst pekuniäre und strukturelle Aspekte gemäß der
Gesundheitsstrategie. Aus operativer Sicht handelt es sich um eine summa-
tive Evaluation, die ex post erfolgt und zum strategischen Zielabgleich dient.
Gesundheitsmonitoring fokussiert auf prozessuale und inhaltliche Aspekte, um
i. S. der formativen Evaluation Rückschlüsse über Ereignisse und Wirkungen
laufender Gesundheitsprozesse zu erzielen. Hier werden v. a. Input- und Wir-
kungsindikatoren berücksichtigt. Das **Evaluationsset der gesunden Organisation**
verknüpft Gesundheitsmonitoring und -controlling, um entscheidungsrelevante
Informationen als Health Reporting aufzubereiten.

Das Design des **Evaluationssets** berücksichtigt Bedarfsanalyse (Standortbestim-
mung), Prozess- (Umsetzung), Erfolgs- (Ergebnismessung) und Transfercon-
trolling (Wirksamkeitsmessung). Aus der Perspektive des D-BGM sind v. a.
Micro-Bausteine relevant, um eine begleitende Beobachtung der Gesundheitsak-
tivität zu ermöglichen. Das **Micro-Monitoring** ist nicht-invasiv, niederschwellig
konzipiert (z. B. Prompts als kurze Abfragen zum Gesundheitsverhalten), kann
Feedback geben und ist als Element in der Gesundheitsintervention integriert. Das
Screening orientiert sich weniger an Erfolgsfaktoren der individuellen Gesundheit (z. B. Gewichtsreduktion), sondern ist konativ ausgerichtet (Indikatoren des
Aktivitätslevels). BGM 4.0 verfolgt das Primärziel, dass Teilnehmer/innen die
Angebote wahrnehmen und in ihrem Arbeitsalltag übersetzen.
      Das virtuelle Gesundheitscenter benötigt diese Informationen, um zum einen
den Teilnehmenden Feedback zu geben und zum anderen aus Evaluationssicht
organisationale Gesundheitswerte auf Basis anonymisierter Daten zu eruieren.
Damit es nicht zu Medienbrüchen kommt und das Informationsmanagement
reibungslos funktioniert, sind **digitale Ansatzpunkte** wie onlineunterstützte
Befragungen, mobile und ereignisnahe Erfassung gesundheitsrelevanter Daten,

anonymisierte Teilnahme- und Bleibekennzahlen, Aktivitätsquote bei Gesundheitsmaßnahmen, Sensorik am Arbeitsplatz und Zuhause (z. B. Sitzdauer, Haltungserkennung beim Arbeitsplatz) erfolgversprechend.

- **Primäre Verwendung:** Monitoring dient zur Stärkung des positiven Gesundheitsverhaltens. So kann bspw. eine Online-Ernährungsanalyse die Teilnehmenden unterstützen, ihren Ernährungsfahrplan beizubehalten (Adhärenz).
- **Sekundäre Verwendung:** Aggregierte und anonymisierte Daten aus der Online-Ernährungsanalyse können der Organisation dienen (z. B. aggregierter BMI-Index), den Gesundheitszustand aus Sicht des Humankapitals zu beschreiben und die Gesamtstrategie bspw. im Gewichtsmanagement zu professionalisieren.

Dabei ist aber stets die **Gratwanderung zwischen Feedback und Kontrolle** zu beachten, denn das Monitoring hat nicht das Ziel, die Teilnehmenden zu entmündigen oder zu überwachen, sondern über Feedback eine frühzeitige Risikoanalyse und Sensibilisierung beim Einzelnen sowie aus Organisationssicht die Navigation zur gesunden Organisation zu ermöglichen. An dieser Stelle ist auf die **informationelle Selbstbestimmung** als essenzielles Gestaltungsprinzip des IT-basierten Gesundheitsmonitorings Wert zu legen und dies im Rahmen einer Betriebsvereinbarung schriftlich zu fixieren (Abschn. 3.1). Zudem ist die Einbindung des Datenschutzbeauftragten zwingend erforderlich.

Damit die aktivitätsbezogene Datenmenge aus Sicht der Organisation nicht zum Zahlenfriedhof wird, ist es geboten, die Datenströme i. S. einer **Health Balanced Scorecard** als Cockpit zu den verschiedenen Perspektiven der gesunden Organisation (Finanzen, Prozesse, Kunden und Potenziale) zu bündeln (Uhle und Treier 2019).

Digitales Evaluationsset der gesunden Organisation

Das Evaluationsset der gesunden Organisation basiert auf das individuelle Vital- und Lebensstilmonitoring und verknüpft als Gesundheitscontrolling diese Datenströme anonymisiert und organisationsbezogen mit personalökonomischen Werttreibern. Die Vernetzung mittels IT-Unterstützung ist die Voraussetzung, dass trotz des umfangreichen Datenmaterials sich der Mehraufwand einer evaluativen Begleitung in Grenzen hält und ein Mehrwert hinsichtlich des Fortschritts der gesunden Organisation erzielt wird. Das virtuelle Gesundheitscenter unterstützt sowohl bei der Informationsgewinnung als auch Informationsverteilung.

3.3   Virtuelles Gesundheitscenter als Managementsystem

▷ Prinzipiell wird eine BGM-Struktur aus Sicht der Ablauf- und Aufbau-
organisation benötigt, die zur Digitalstrategie kompatibel ist. Das dem
Gesundheitscenter zugrunde liegende Framework ist modularisiert und
integriert die Handlungsfelder des BGM als vernetzte Dachstrategie.

Die moderne Informations- und Kommunikationstechnologie ermöglicht der
betrieblichen Gesundheitsarbeit, ihre verschiedenen Herangehensweisen im Hinblick auf BGF, AGS, BEM, soziale Arbeit oder Arbeitsmedizin in einem **digitalen
Ökosystem** zu koordinieren. Gesundheit ist eine **konzertierte Aktion.** BGM 4.0
versteht sich als Integrationskonzept, d. h., dass es nicht das Ziel ist, bisherige
analoge Herangehensweisen im BGM durch digitale Angebote zu substituieren,
sondern im Rahmen einer digitalen Transformationsstrategie das Gesamtpaket
mit Zielmatrix „Gesunde Organisation" als **vernetzte Plattform** in Anlehnung
an ein soziotechnisches System zu implementieren (Connected Health). *Vernetzung ist der Anspruch einer agilen Gesundheitsstrategie und erfordert eine
Plattformstrategie* (Roland Berger 2020).

▷ BGM bleibt „physisch" verankert – eine Loslösung aus dem
betrieblichen Umfeld ist mit der Digitalstrategie nicht intendiert.
Vielmehr geht es darum, eine Schnittstelle zwischen Nutzenden
und Akteuren zu schaffen, die erreichbar ist und auch dezentralen Organisationseinheiten ermöglicht, am analogen und digitalen
Gesundheitsprogramm zu partizipieren.

Das virtuelle Gesundheitscenter basiert auf einem flexiblen, datenbankbasierten
Framework, das eine Personalisierung erlaubt. Abb. 3.2 illustriert die **Bausteine
des Frameworks.**
  Das **Organisationskonzept** erfasst *allgemein zugängliche* und *personali-
sierte* Bereiche. Allgemeine Informationen sind ohne Zugangsbeschränkung für
jeden prominent sichtbar. Personalisierte Leistungen benötigen einen Login. Das
Gesundheitsgirokonto als E-Gesundheitsakte enthält den Schlüssel zum virtuellen
Gesundheitscenter (Abschn. 3.1). Weitere **Grundbausteine** sind …

• elektronische Vorgangsbearbeitung und ESS-Modul (Employee Self Service),
• kollaborative Zusammenarbeit,

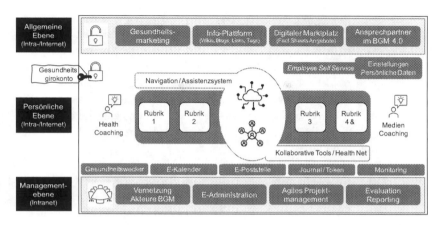

Abb. 3.2   E-Baukasten als Framework BGM 4.0

- Experten- und Coachingmodul sowie das
- digitale Assistenzsystem als Navigationsinstrument.

Die Handlungsfelder sind im Gesundheitscenter nach **Inhaltsrubriken** (bspw. Bewegung, Ernährung, Stress, Erholung, Arbeitsplatz) i. S. einer fachlichen Architektur kategorisiert (Kap. 2). Verschwimmende Grenzen zwischen der Konsumenten-, professionellen und administrativen Ebene sind für eine transaktionszentrierte digitale Plattform kennzeichnend. Bausteine zur Speicherung (z. B. Lebenszyklus, Datenpflege), zum Datenschutz oder zur elektronischen Poststelle (z. B. Signaturen) werden benötigt. Diese sollten aufgrund der Sensibilität der Personal- und Gesundheitsdaten eine besondere Sorgfalt in der Integration erfahren und unabhängig von der Ausbaustufe stets als Basismodule vorliegen. **Ergänzende Inhaltsmodule** wie bspw. gesunde Führung lassen sich je nach Adressatengruppe zuordnen. Neben den Grundbausteinen berücksichtigt das virtuelle Gesundheitscenter ein **Management- und Evaluationsmodul.**

Das virtuelle betriebliche Gesundheitscenter weist verschiedene **Ausbaustufen** auf. Durch den modularen Aufbau als **Baukastensystem** ist es möglich, die zugrunde liegende Infrastruktur und das Interface sukzessive an die Bedürfnisse der Organisation anzupassen. Dabei sollte aber die technische Infrastruktur von Anfang an hinsichtlich ihrer Erweiterbarkeit (horizontalen und vertikalen Skalierbarkeit) geplant werden, um den steigenden Anforderungen bspw. durch eine größere Anzahl der Nutzenden oder durch mehr Inhaltsbausteine zu entsprechen.

Auf dem Gesundheitsmarkt finden sich **Anbieter von Plattformen,** die eine effektive Gesundheitsförderung versprechen, ein Management der Interventionen ermöglichen, den Erfolg messbar machen sowie DSGVO Konformität gewährleisten. Wenn man sich für einen **Full-Service-Anbieter** entscheidet, sollte vorab kritisch geprüft werden, ob die Plattform den Anforderungen in Bezug auf Datenschutz, Vernetzung und Personalisierung genügt und ob die Administrations-, Management- und Evaluationsfunktionen ausreichend implementiert sind. Ein *Customizing* ist in der Regel möglich. Qualitätssiegel, Referenzen und Inhalte, die den Präventionsrichtlinien und Qualitätskriterien der GKV entsprechen, helfen bei der Vorauswahl (GKV 2020) (Abschn. 4.1).

Folgende **Varianten bzw. Ausbaustufen** sind denkbar …

- Leasing einer Gesundheitsplattform mit Fokus auf Präventions- und Aktivkurse, die möglichst nach § 20 SGB V zertifiziert sind. Ein Customizing ist zu empfehlen, um die Identifikation mit der eigenen Organisation zu erhöhen.
- Erstellung einer eigenen Gesundheitsplattform und Einkauf von Bausteinen mit einer externen Qualitätssicherung. Die interne Steuerung erfolgt durch die Managementebene.
- Erstellung einer eigenen Gesundheitsplattform als Steuerungszentrum und Produktion eigener Präventions- und Aktivbausteine mit interner und/oder externer Qualitätssicherung. Diese Variante ermöglicht umfassende Freiheiten in der Gestaltung.

Das **integrierte Konzept** soll verschiedene digitale Angebote der Organisation mit Offerten aus dem privaten Umfeld nebst Leistungen der Krankenkassen verknüpfen und durch kollaborative Settings erweitern (z. B. Fitness-/Work-out-Challenges wie Schritt-Wettbewerb).

Maßgeblich für den Erfolg der Integration ist die **BGM-Reife** unabhängig vom Grad der Digitalisierung. Die BGM-Reife resultiert aus der Erfüllung der **Qualitätskriterien** in Anlehnung an die Mindeststandards, die in der 2020 ausgelaufenen DIN SPEC 91020 auf der Struktur-, Prozess- und Ressourcenebene beschrieben werden (Kaminski 2013). Die Wirksamkeit digitaler Angebote hängt davon ab, dass diese im BGM eingebettet und im System legitimiert sind. Problematisch ist es, wenn die digitalen Angebote ein Eigenleben entwickeln. Digitale Leistungen als Surrogate bedeuten einen substanziellen Rückschritt für ein qualitätsorientiertes, systematisches und nachhaltiges BGM. Das virtuelle Gesundheitscenter ist mithin mehr als eine webbasierte Oberfläche für Gesundheitskollektionen und deren Administration, sondern im Kern fungiert das Center als **Managementmodell** mit dem Ziel der Integration multimodaler Interventionen als Multikomponenten-Programm.

▷ Ein zentrales Handlungsfeld des BGM 4.0 bezieht sich auf **Management-Programme im BGM**, die zur Übersetzung eines ganzheitlichen BGM beitragen. Diese Schlüsselrolle der digitalen Transformation des BGM aus Managementsicht wird bisweilen im Diskurs hintangestellt, da der Fokus einseitig auf digitale Tools der Verhaltensprävention liegt (Abschn. 4.1). Zudem sind auch digitale Werkzeuge in der Verhältnisprävention wie eine Gefährdungsbeurteilung psychischer Belastung im Online-Format oder ein Nachfeldtool zur partizipativen Erarbeitung von Vorschlägen zur Belastungsoptimierung als lernendes Wissenssystem zu berücksichtigen (Treier 2020a).

Das digitale Gesundheitsmodell ist eine **Mammutaufgabe** im BGM, die am besten als Entwicklungsauftrag projektiert wird. Aufgrund der Vielseitigkeit der Ansatzpunkte ist eine Managementplattform vonnöten, um sich nicht in Einzelmaßnahmen zu verzetteln (Aktionismus). Das **Qualitätsmanagement** fungiert hier als Folie für eine qualitätsgerechte Herangehensweise und bestimmt den Fahrplan zum BGM 4.0 (Roadmap). So lässt sich bspw. auf die Anforderungen der ISO 45001 als Arbeitsschutzmanagementsystem rekurrieren, die den relevanten Standard BS OHSAS 18001 ablöst (Walle in Matusiewicz et al. 2021, S. 35 ff.). Die Norm hebt den AGS noch stärker in den Rang eines strategisch relevanten und verpflichtenden Führungsthemas. Im Mittelpunkt stehen die Mitarbeitenden und interessierten Parteien. Die Anforderungen konzentrieren sich auf Kriterien wie Arbeitspolitik, Gefährdungsermittlung, Risikosteuerung und stellen rechtliche Themen in den Vordergrund. Eine Integration des BGM 4.0 in ein übergreifendes Managementsystem ist vorteilhaft, da digitale Gesundheitsapplikationen in der Gesamtstrategie „Gesunde Organisation" berücksichtigt werden, ein Leitfaden zur Umsetzung vorliegt und eine Zertifizierung ermöglicht wird.

Managementsystem BGM 4.0

Analoge wie digitale Angebote benötigen unabhängig davon, ob es sich um verhaltens- oder verhältnispräventive Interventionen handelt, und unabhängig davon, ob sie von der Organisation oder aus dem privaten Umfeld stammen, ein Expertensystem zur Koordination und Unterstützung. So können Online-Gesundheitskoordinator/innen maßgeschneiderte Lösungen für den Einzelnen

konzipieren und im Dschungel der Angebote als Guide fungieren. Eine zeit-
gemäße Gesundheitsplattform enthält ferner Funktionen zur Kollaboration,
Organisation, Motivation und zum Monitoring. Qualität und Vertrauenswür-
digkeit sind die Basis eines nachhaltigen BGM 4.0, das sich als genuinen
Managementauftrag begreift.

Erfolgsfaktoren im BGM 4.0

4

> ▷ Den Gesundheitscoach in der Hosentasche, überall verfügbar und erreichbar, ressourcenschonend und alltagstauglich – so könnte das Erfolgsrezept im BGM 4.0 lauten. Smarte Gesundheitsübungen stellen im digitalen Zeitalter keine Hürde dar. Aber eine attraktive Toolsammlung reicht nicht aus, denn im betrieblichen Alltag müssen auch die Voraussetzungen wie gesunde Führung geschaffen werden, damit die digitale Toolbox mehr als ein schmuckes Gadget ist.

Das virtuelle Gesundheitscenter ist nicht nur eine Toolsammlung im Intra- oder Internet als **digitaler Bauchladen**. Aus Qualitätssicht kristallisieren sich zeitliche und örtliche Unabhängigkeit, vielfältiges Angebot und Personalisierung als Spitzenreiter heraus. *Aber das reicht nicht aus.* In diesem Kapitel werden die Digitale Toolbox als Nukleon des Gesundheitscenters, die Selbstwirksamkeit als personale Ressource sowie Kontextfaktoren wie gesunde Führung als Erfolgsfaktoren erörtert.

4.1 Digitale Toolbox aus Qualitätssicht

> ▷ Die Vielfalt digitaler Tools hinsichtlich Inhalt und Format nimmt stetig zu. Problematisch ist, dass die Qualitätssicherung hinterher hinkt. Daher avanciert Qualität zum Erfolgsfaktor.

Als Risiko bei der Toolbox kristallisiert sich das **Sammelsurium von Objekten** im Zeitalter der Klick-Mentalität via App und Web heraus. Metaphorisch lässt

M. Treier, *Betriebliches Gesundheitsmanagement 4.0 im digitalen Zeitalter*, essentials, https://doi.org/10.1007/978-3-658-33261-7_4

sich hier von einer *digitalen Schrotflinte* sprechen. Das Lifestyle- und Gesundheitsangebot der populären App-Stores verdeutlicht, wie rasant und intransparent der digitale Markt der Lifestyle-, Health- und Medical-Apps wächst (vgl. Bitkom-Studien, https://www.bitkom.org/). Und das App-Hopping nimmt zu, sodass sich Verweildauer und Verfallszeit verkürzen mit Implikationen für ihre Wirksamkeit, was wiederum die Erstattungsfähigkeit tangiert. Das **digitale Gewirr** wird von Buzzwords umkleidet, die unter dem Primat der Technik stehen und bisweilen abschreckend wirken. Die Vielfalt hinsichtlich Inhalt und Format erschwert eine didaktisch begründete Auswahl (Content Management).

Die **Bandbreite** im Gesundheitsbereich lässt sich zum einen als digitale Schrotflinte, aber auch positiv als digitales Kaleidoskop illustrieren. Die **Selektion** der digitalen Werkzeuge in der Toolbox sollte nicht nach Kriterien wie Modernität oder Attraktivität erfolgen, sondern primär inhaltlich begründet (Gesundheitsziele) und aus Qualitätssicht überprüft werden. Die Palette reicht von Multimedia, Lernquizzes, E-Coaching, Newsletter, Games4Health (Gamification) über Smart Textiles, Wearables, Teamevents und Social Media bis zu EAP und altersgerechten Assistenzsystemen (Ambient Assisted Living, AAL) (Schirrmacher et al. 2018). Diese Auflistung ist weder vollständig noch erfasst sie die jüngsten Ansätze wie AR (Augmented Reality), VR (Virtual Reality) und AI (Artificial Intelligence) – Szenarien, die den Kurs vom Web 2.0 (Social Networking) über Web 3.0 (semantisches Netz) zum smarten Web 4.0 (künstliche Intelligenz) illustrieren. Cloudbasierte Gesundheitsdienste ermöglichen vernetzte Szenarien. **Limitierende Faktoren** sind u. a. Bandbreite des Internets, technische Kapazität der Endgeräte, Medienkompetenz sowie Technikaffinität der Nutzenden.

Im Gesundheitscenter sollte ein niederschwelliger Zugang zur digitalen Palette gewährleistet sein. **E-Health Applikationen** erfordern aufgrund ihrer flexiblen Nutzung hinsichtlich der großen Bandbreite mobiler Endgeräte ein **mobiles und responsives Design,** das sich an die Eigenschaften des Endgeräts anpasst. Ferner erwartet man eine an die Bedürfnisse der Nutzenden adaptiertes Interface.

Serious Games bzw. **Games4Health** sind das Highlight aktivierender Methoden, um Gesundheitsbildung mit Spaß zu verknüpfen. Jedoch liegt oftmals kein reales Setting vor und die Spielebene wird nicht als seriös eingestuft. So ist die Übertragbarkeit auf reale Gegebenheiten zu hinterfragen. Die **Türöffner-Funktion** ist empirisch dennoch nachgewiesen, sodass das spielerische Setting auch Veränderung in der realen Welt nach sich ziehen kann. Ziel ist die **Immersion** als psychischer Zustand des Eintauchens. Die virtuelle Realität wird als real empfunden. Es existieren auch Zwischenkonzepte, also Real-Apps mit Game-Funktionen oder Exer-Gaming mit körperlicher Aktivierung. Fast alle Games4Health sind verhaltensorientiert. Gestaltungsfaktoren sind Motivations- und Gratifikationsmechanismen wie digitale

Pokale, die Verknüpfung von Fun und Fitness und der Wettbewerb zwischen Peers als Challenges. Games sind eine wichtige Säule beim Edutainment in der Gesundheitsbildung, um unterhaltsam und spielerisch den inneren Schweinehund zu überwinden.

Zur Ordnung sind **Klassifikationssysteme** aus technischer und funktionaler Sicht vonnöten (Bertelsmann 2016) (Kap. 2). Um den **Überblick** zu wahren, lassen sich die digitalen Angebote in fünf **Kategorien** einteilen – oftmals sind es Hybridlösungen (Burkhart & Hanser in Matusiewicz und Kaiser 2018, S. 37 ff.). Für BGM 4.0 sind v. a. E-, M- und P-Health Angebote von Relevanz. Die Kategorisierung illustriert einen **Paradigmenwechsel,** denn statische und nur empfangende Ansätze werden zunehmend durch interaktive und partizipative Konzepte verdrängt.

- **E-Health** (Electronic Health): elektronisch unterstützende Aktivitäten im Gesundheitsbereich von der Telemedizin über elektronische Gesundheitskarte bis zu Gesundheits-Apps als Oberbegriff für digitale Gesundheitswerkzeuge und Dienstleistungen.
- **M-Health** (Mobile Health): Angebote für mobile Endgeräte als Trendsetter i. S. von *„Gesundheit to go",* v. a. Gesundheits-Apps mit Fokus auf Prävention und Aktivkurse (Lifestyle-Apps) unter Verwendung der Sensoren der Endgeräte (Mobile Software Application).
- **P-Health** (Personalized Health): digitale Angebote und Gesundheitsdienstleistungen ausgerichtet auf individuelle Anforderungen als persönliche digitale Assistenten sowie aktive Beteiligung der Anwendenden bspw. bei der Erfassung von Gesundheitsdaten (Self-Tracking).
- **C-Health** (Connected Health): Teilung personalisierter Gesundheitsinformationen mit Akteuren des Gesundheitswesens zwecks effektiver Beratung und Therapie (Leistungserbringer-Patienten-Interaktion) über Gruppensettings bis zu Selbsthilfegruppen in Netzwerken.
- **I-Health** (Integrated Health): kollaborative, integrierte Versorgung, die nicht nur auf Gesundheitsförderung und Lebensstil abzielt, sondern auch Diagnose, Behandlung, Pflege und Rehabilitation berücksichtigt. Integration versteht sich als Mittel zur Optimierung der fragmentierten Dienste zur Qualitäts-, Effektivitäts- und Effizienzsteigerung.

▶ Dadurch dass sich die Grenze zwischen Arbeit und Privatwelt verflüchtigt und die Endgeräte aus Sicht des M-Health in allen Lebensdomänen zum Einsatz kommen, stellt sich die Frage, ob private

Geräte in die digitale Toolbox integriert werden können bzw. ob privates Equipment vom Smartphone über Apps bis zu Netzwerken in der Organisation eingesetzt werden darf (BYOD = Bring Your Own Device). Faktisch ist dies kaum zu unterbinden, birgt aber rechtliche Herausforderungen bspw. im Hinblick auf Datenschutz, Haftung oder arbeitsrechtliche Fragen. Bei einem virtuellen Gesundheitscenter ist ein **BYOD-Konzept** erforderlich, um die Rahmenbedingungen zu definieren und Rechtssicherheit zu schaffen.

Der Gesundheitsmarkt besetzt umfänglich alle Handlungsfelder im BGM mit digitalen Dienstleistungen (Kap. 2). Gesundheitsdidaktische und gesundheitspsychologische Aspekte, softwareergonomische Qualitätskriterien und Gewährleistung des Datenschutzes und der Datensicherheit sind bei einer **qualitätsorientierten Auswahlstrategie** zu priorisieren. Da es oftmals den Organisationen kaum möglich ist, mit eigener Expertise eine Selektionsstrategie festzulegen, wird ein **Bewertungskonzept für digitale Programme** in den Bereichen Gesundheitsförderung und Lifestyle benötigt (Walter et al. 2019). **Qualitätsstandards** für BGM-Online-Dienstleister und eine Übersicht der am Markt angebotenen Produkte sind analog zum Ordnungsrahmen bei Arzneimitteln erforderlich. Viele digitale Applikationen sind den Rubriken Lifestyle oder Wellness zuzuordnen, sodass hier geringe Qualitätsstandards zugrunde liegen. Problematisch ist, dass die meisten Gesundheits-Apps nicht unter dem Medizinproduktegesetz (MPG) fallen, das entsprechende Prüfungen und Kontrollen je nach Klassifikation vorsieht. Ob eine digitale Health-Applikation als Medizinprodukt einzustufen ist, hängt davon ab, ob diese die Definition nach § 3 Nr. 1 MPG erfüllt.

Softwareergonomische Bewertungen insb. bei Gesundheitsportalen und Apps referenzieren auf das Regelwerk ISO 9241. Die Grundsätze der Dialoggestaltung und Interaktionsprinzipien (ISO 9241-110:2020) stehen im Vordergrund der Betrachtung – hierzu zählen Aufgabenangemessenheit, Selbstbeschreibungsfähigkeit, Erwartungskonformität, Lernförderlichkeit, Steuerbarkeit, Fehlertoleranz und Individualisierbarkeit. Über diesen Regeln steht die Grundsatznorm zur Gebrauchstauglichkeit (Usability) (ISO 9241 T11, Nutzungsqualität: ISO 25010). Zu ergänzen ist der Gestaltungsaspekt der **Barrierefreiheit** nach der BITV 2.0 (Barrierefreie-Informationstechnik-Verordnung).

Diverse **Qualitätsdimensionen** sind bei der Selektion zu berücksichtigen:

- Inhaltsqualität (aktuell und den gesundheitswissenschaftlichen Standards entsprechend)
- Designqualität (softwareergonomisches, modernes und responsives Interface, Usability)
- Technikqualität (Datensicherheit, Daten- und Persönlichkeitsschutz, valide Sensoren)
- Teilnehmerqualität (adressatengerecht, bedarfsorientiert und personalisiert)
- Barrierefreiheit (bspw. gemäß Web Content Accessibility Guidelines 2.1)

Oftmals fehlen jedoch valide Informationen zum Angebot; die Darstellung ist primär am Marketing ausgerichtet. Orientierungshilfen sind erforderlich, die aber kaum vorhanden und standardisiert sind (Albrechts 2016). Folgende **Qualitätskriterien** helfen bei einer Vorauswahl …

- *Prüfsiegel*
  - CE-Kennzeichen gemäß Richtlinie 93/42/EWG
  - DIN-ISO-Zertifizierung, z. B. ISO 250xx Normenreihe als Maßstab der Softwareentwicklung, allgemein ISO 9001, softwareergonomische Kriterien nach ISO 9241, bei Medizinprodukten IEC 62304 Anforderungen
  - Anlehnung an den Leitfaden Prävention des GKV-Spitzenverbandes
  - Hinweis auf Medizinproduktegesetz bei medizinischen Angeboten
  - Zertifizierung der digitalen Angebote nach § 20 Abs. 1 SGB V
- *Kompetenzindikatoren*
  - Gesamtportfolio des Anbieters
  - Kompetente Kooperationspartner
  - Mitgliedschaft in Vereinigungen wie Gesellschaft für Prävention
  - Öffnung der Finanzierungsquellen
  - Professionalisierungsgrad
  - Publikationen
  - Referenzen
- *Evaluative Nachweise*
  - Begleitende und externe Studien
  - Eigen- und Fremdevaluation
- *Inhaltsfaktoren*
  - Adressatenorientierung bzw. Zielgruppendesign
  - Aktualität der Gesundheitsinhalte
  - Aufklärung bzgl. Anwendungszwecke

- Bedarfserfassung
- Customizing und Personalisierung: maßgeschneiderte Konzepte
- Differenzierte didaktische Formate
- Funktionalitäten mit Nutzungseinschränkungen
- Lern- und Erfolgskontrollen
- Rahmenplan, Zielmatrix bzw. Gesundheitsstrategie
- Teilnehmerberatung und Coaching
- **Technische Faktoren**
  - Angeforderte Rechte
  - Dokumentationssystem bzw. Reporting
  - Feedbackoptionen
  - Kollaboratives Arbeiten (Netzwerke)
  - Modularisierung
  - Multimedia-Formate
  - Nachweise zum Datenschutz
  - Reichweite und Zugänglichkeit

Qualitätsorientierte Herangehensweise

Schwerfälligkeit und Trägheit stehen im Widerspruch zum dynamischen digitalen Gesundheitsmarkt. Vielfalt und Intransparenz des Angebots erfordern jedoch eine qualitätsorientierte Selektion. Die digitale Toolbox weist ein hohes Potenzial auf, oftmals fehlen aber Nachweise der Wirksamkeit. Ein evidenzbasiertes Vorgehen ist hier zu empfehlen. Qualitätskriterien sind zielführend, um im digitalen Chaos einen Ordnungsrahmen für die Toolbox zu schaffen.

4.2   Selbstwirksamkeit als personale Ressource

▷   Aus gesundheitspsychologischer Sicht ist Selbstwirksamkeit durch ein digitales Gesundheitsmodell als personale Ressource zu fördern und zu fordern. Empowerment wird zur Zielgröße im Gesundheitskonzept.

Menschen sind im BGM 4.0 zu befähigen, ihre Gesundheitsziele zu planen und Ressourcen einzuschätzen. Als theoretische Folie eignet sich das **Gesundheitsmodell HAPA** (Health Action Process Approach) des Gesundheitspsychologen Ralf Schwarzer (Schwarzer 2004) (Abb. 4.1). Gerade im BGM 4.0 ist die Kluft zwischen Zielsetzung und Handeln relativ groß, da der soziale Vertrag

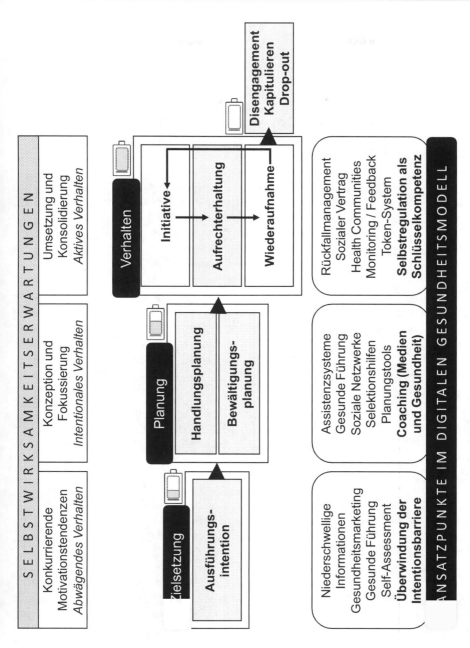

Abb. 4.1   Selbstwirksamkeit im digitalen Gesundheitsmodell in Anlehnung an das HAPA-Modell (Schwarze 2004)

schwächer als beim analogen Gruppensetting ausfällt. Die Gefahr des *„Lost in Hyperspace"* und damit des **Disengagements** sind weitaus wahrscheinlicher als im klassischen BGM. Wenn Beteiligte noch motivational unbestimmt sind, ist Gesundheitsmarketing wichtig, um die Intentionsbarriere zu überwinden. Während der Planungsphase bedarf es gezielter Informationen und eine fundierte Begleitung. Hier kann das Online-Coaching hilfreich sein, damit es nicht zur Fehlscheinschätzung kommt. Während der aktiven Phase kann Feedback das Gesundheitsverhalten konsolidieren. Grundsätzlich empfiehlt es sich, das BGM 4.0 in seiner Konzeptphase gesundheitspsychologisch zu fundieren (Knoll et al. 2017).

Je personalisierter das BGM 4.0 ist, desto mehr wird das Potenzial der digitalen Gesundheitswerkzeuge genutzt (Simmet 2014). **Personalisierung** trägt maßgeblich zur Entschlüsselung der DNA des digitalen Gesundheitsmodells bei. Ein *One-size-fits-all-Ansatz* korrespondiert nicht mit den Ansprüchen einer modernen Gesundheitsstrategie (Abschn. 1.3). Lebensphasenbezüge und individuelle Settings sind zu berücksichtigen, denn eine Trennung zwischen den Lebensdomänen ist im Bereich Gesundheit inkonsequent. Je mehr der Einzelne persönlich adressiert wird, desto wahrscheinlicher ist seine Aktivierung. Das generelle Ziel ist eine **Erhöhung des Aktivitätslevels.** Dabei ist die **Selbstwirksamkeit** der maßgebliche moderierende Erfolgs- und Zielfaktor gemäß HAPA-Modell (Knoll et al. 2017, S. 49 ff.). Zu postulieren ist, dass Beteiligte mit hoher Gesundheitskompetenz und einer konstruktiven Selbstwirksamkeitserwartung eher dazu tendieren, Maßnahmen auch im digitalen Modus wahrzunehmen und aufrechtzuerhalten (Uhle und Treier 2019). Eigenverantwortung und Partizipation sind die Säulen im digitalen Modell, aber sie setzen **Selbstregulationskompetenz** voraus (bspw. Fähigkeit zum Belohnungsaufschub, Mobilisierung sozialer Unterstützung, Impulskontrolle oder selbstkritische Reflexion). Ist gesundes Handeln unangenehm, wird es eventuell aufgeschoben bis zum Scheitern.

▶**Selbstwirksamkeit** bezeichnet die Erwartung, aufgrund eigener Möglichkeiten gewünschte Handlungen erfolgreich selbst ausführen zu können. Menschen mit hoher Selbstwirksamkeit zeichnen sich durch eine hohe internale Kontrollüberzeugung aus, d. h. sie glauben, dass sie gezielt auf ihren Gesundheitszustand Einfluss nehmen können. Sie lassen sich weniger ablenken und sind auf das Gesundheitsziel fokussiert.

Sheldon und Elliot (1999) differenzieren vier **Modi der Selbstkonkordanz,** die beim digitalen Gesundheitsmodell im Hinblick auf Unterstützungsszenarien zu berücksichtigen sind, gerade wenn es sich um gesundheitsbezogene Ziele handelt.

▶**Selbstkonkordanz** aus Gesundheitssicht stellt das Ausmaß dar, wie ausgeprägt Gesundheitsziele den eigenen Interessen, Bedürfnissen und Werten einer Person entsprechen. Dies hat Implikationen für Auswahl, Verfolgung und Erreichen von Gesundheitszielen als Handlungsregulation.

- *Externaler Modus:* Externe Gründe bewegen Beteiligte dazu, sich mit ihrem Gesundheitsverhalten zu befassen. Deshalb sollte ein Digitalmodell mit einem Token-System erweitert werden. Die Währung der Belohnungen sollte einen Gesundheitswert generieren (doppelte Rendite), d. h., dass bspw. neue Gesundheitsfunktionen bei Engagement freigeschaltet werden.
- *Introjizierter Modus:* Hier besteht ein relativ geringer Selbstbezug, da sich die Teilnehmenden an Gesundheitsautoritäten orientieren („Arzt hat es angewiesen"). Das begleitende Coaching im Online-/Offline-Modus sowie Self-Assessment-Tools stärken den Selbstbezug.
- *Identifizierter Modus:* Die Beteiligten befassen sich intensiv mit den Vorteilen des gesunden Handelns und entscheiden sich aufgrund rationaler Bewertungsprozesse für die Nutzung der Gesundheitsangebote („Sie betreiben Sport, weil es gesund ist"). Bei dieser Gruppe ist es wichtig, dass die Maßnahmen im digitalen Modell ausreichend hinsichtlich ihrer Wirksamkeit als Auftrag der Gesundheitskommunikation begründet sind. Hier können Self-Assessment-Tools eine positive Wirkung entfalten, da sie das kognitive Moment ansprechen.
- *Intrinsischer Modus:* Hier erfolgt die Handlung ihrer selbst willen (autotelisch), d. h., man betreibt Sport aus Spaß. Bei dieser Gruppe ist kaum Unterstützung erforderlich, im Gegenteil darf das Digitalmodell nicht als Störfaktor empfunden werden. Der Motivationsfaktor lässt sich durch handlungsorientierte Feedbacksysteme verstärken.

Die Ausprägung des **Spagats zwischen Fremd- und Selbststeuerung** in Bezug auf Gesundheitsziele hängt von der Selbstkonkordanz ab. Ziel im digitalen Modell ist stets die Selbststeuerung. Daher dürfen Elemente, die eine Fremdsteuerung zeitigen, nicht aufdringlich gestaltet und sollten wissensbasiert begründet sein. Die Nutzenden bestimmen auf Basis von messbaren Parametern ihre Ziele und werden durch Challenges und Coaching abgeholt. Experten- und evidenzbasierte Logiken bestimmen das Handlungsfeld. Planung erfolgt selbständig vom Nutzenden. Eine Konsolidierung des Gesundheitsverhaltens lässt sich durch Social Media, Wettbewerbe und andere Ansporungen erwirken.

▷   Die größte Herausforderung ist das **Disengagement** bzw. das Risiko
    von Drop-outs, denn viele digitale Maßnahmen erfordern eine hohe
    Selbstregulationskompetenz. Ein professionelles **Rückfallmanage-**
    ment mit Nachfragen, Reporting und pro-aktivem Coaching wirkt
    dem Disengagement entgegen. Hier reichen unpersönliche Erinne-
    rungen als Reminder nicht aus.

Empowerment und Selbstwirksamkeit

Gesundheits-Apps sind für gesundheitsbewusste Mitarbeitende dann attraktiv,
wenn sie komfortabel und personalisiert gestaltet sind. Die Selbstwirksamkeit
ist bei digitalen Präventionsansätzen zu steigern. Jedoch stellt die Prämisse
der hohen Selbstregulationskompetenz eine Hürde dar, denn Beteiligte sind mit
dem digitalen Modell eventuell überfordert. Gerade im digitalen Modell dürfen
die Nutzenden nicht allein gelassen werden, sondern benötigen Unterstützung
in Abhängigkeit von der Ausprägung der Selbstkonkordanz.

4.3   Gesunde Führung als Organisationsmodell

▷   Je digitaler das BGM wird, desto wichtiger ist eine dezentrale Begleitung.
    Lokale Diversität bedeutet Anpassung an Kontextbedingungen, und
    gesunde Führung ist der verlängerte Arm der digitalen Welt in die lokale
    Organisationseinheit.

BGM 4.0 kann sein Potenzial dann ausschöpfen, wenn es in der Organisation
positiven Widerhall erfährt. Viele digitale Programme sind verhaltensorientiert,
aber die **Verhältnisprävention** bestimmt den Sockel, auf denen die digitalen Tools aufsetzen. An dieser Stelle könnte man von der Arbeitsplatz- über
Aufgabengestaltung bis zur Organisationsentwicklung diverse Ansatzpunkte der
Verhältnisprävention erörtern, die in einer Präventionsmatrix mit verhaltensbasier-
ten Bausteinen verknüpft sind (Uhle und Treier 2019) (Kap. 3). V. a. ist hier der
Augenmerk auf die **gesunde Führung** zu richten, denn Führung steht im Spagat
zwischen Hochleistung und Erschöpfung in der Organisation.

▷**Gesunde Führung** verknüpft systematische Führung mit Motivation und
Partizipation sowie Information und Kommunikation. Dabei lassen sich zwei

Perspektiven bestimmen: gesundheitsförderliche Führung als Selbstmanagement-aufgabe (Selbstachtsamkeit) und als Führungsaufgabe (Achtsamkeit in Bezug auf die Mitarbeitenden). Führungskräfte werden zu Präventionsmanager/innen und Promotoren der Gesundheitskultur.

Den Veränderungen im Kontext der Arbeit 4.0 konstruktiv zu begegnen erfordert v. a. ein neues Führungsverständnis (Struhs-Wehr 2017) (Abschn. 1.2). Dieses wird durch diverse Fachbegriffe skizziert, denen gemeinsam ist, dass sie die **Rolle der Führungskräfte** im digitalen Zeitalter nicht mehr auf ihre Hierarchie beschränken. Holokratische Strukturen bedingen, dass Verantwortung und Entscheidungsbefugnisse zunehmend bei den Mitarbeitenden verortet sind. Dies erfordert **Empowerment als Zielgröße.**

- *Ambidextrous Leadership* beschreibt das beidhändige Führen sowohl auf der ökonomischen als auch menschlichen Ebene.
- *Digital Leadership* umfasst das richtige Führen in der Arbeit 4.0 mit den Erfolgsfaktoren Vertrauen, Beteiligung, Offenheit und Vernetzung.
- *Leadership 4.0* befasst sich mit Führung im digitalen Zeitalter und deren Herausforderungen von der Flexibilisierung der Arbeit über Vernetzung bis zu agilen Arbeitsweisen.
- *Neuroleadership* thematisiert Bedürfnisse wie Orientierung, Vertrauen und Sinnhaftigkeit. Führungskräfte nehmen den Menschen kognitiv-emotional wahr.
- *Transformationale Führung* fordert ein werteveränderndes Führen in Bezug auf Vorbildsein, inspirierende Motivation, Innovationsförderung und individuelle Unterstützung.

Studien offenbaren, dass gesunde Führung und gesunde Führungskultur positive Effekte auf Wohlbefinden, Engagement und Leistung zeitigen und psychische Gesundheit stärken (Uhle und Treier 2019). Gesunde Führung wirkt in Summe durch kleine bis mittlere Effekte und hat eine hohe Bedeutung, weil fast alle Beschäftigten eine Führungskraft haben und damit von negativen und positiven Auswirkungen des Führungshandelns tangiert sind (Pundt et al. 2018). Man kann Führung aus Sicht des digitalen Gesundheitsmodells als **Katalysator** begreifen.

Beispiel

Viele Menschen haben einen Bildschirmarbeitsplatz. Die Führungskraft kann Sorge dafür tragen, dass ergonomische Voraussetzungen erfüllt sind (z. B.

höhenverstellbarer Tisch). Digitale Instrumente wie Systeme zur Haltungs-erkennung, Sitzdauererfassung oder digitale Assistenten zur Einstellung des Tischs sind hilfreich. Ob dann aber der Stehtisch tatsächlich das gewünschte Verhalten bedingt, hängt nicht nur von der Technik ab, sondern v. a. vom **Vorbildverhalten der Führungskraft** und der Aktivierung, das gesundheits-fördernde Potenzial des höhenverstellbaren Tischs zu nutzen.◄

Verhaltens- und Verhältnisprävention sind im digitalen Gesundheitsmodell inein-ander greifend. Das digitale Gesundheitsmodell erweitert die **Handlungsfähigkeit der gesunden Führung** aufgrund der Reichweite, Vielfalt und Flexibilität der Interventionen. *Der Erfolg des digitalen Ansatzes benötigt eine lokale Repräsentanz.* Füh-rungskräfte nehmen die **Rolle als Präventionsmanager/innen** wahr. Sie gehen achtsam mit sich selbst und den Mitarbeitenden um, um den Herausforderungen der modernen Arbeitswelt mit ihren neuen Belastungsformen gerecht werden zu können. Gesunde Führung benötigt einen gesundheitsfördernden Kontext (Struhs-Wehr 2017). Es lassen sich vier **Rollen der gesunden Führung im Digitalmodell** identifizieren, die mit dem Band Vertrauen verknüpft sind.

1. *Selbstmanager:* eigene Balance zwischen Anforderungen und Ressourcen beachten, die Vorbildrolle ernst nehmen und durch Selbstachtsamkeit Glaub-würdigkeit vermitteln (Self Care)
2. *Interaktionspartner:* Techno-/Digitalstress mit Mitarbeitenden besprechen, Verantwortung übernehmen sowie Gesundheit kommunizieren, Verweis auf digitale Angebote, Online-Player in sozialen Netzwerken sein (Staff Care)
3. *Ressourcenmanager:* Pufferfunktion wahrnehmen durch Allokation von Res-sourcen in der Arbeit 4.0 sowie aktive Stressprävention, hier v. a. die digitale Balance wahren (Supply Care)
4. *Arbeitsgestalter:* Belastungssituationen hinsichtlich Aufgabe, Umfeld und Organisation präventiv u. a. durch Anwendung digitaler Tools gestalten und durch Online-Assessments bewerten (Task Care)

Handlungsfähigkeit der Führung steigern

Gesunde Führung bedeutet Vorbild sein, aber letztlich auch mehr, denn die Mitarbeitenden erwarten konkrete Angebote hinsichtlich Prävention und Gesundheitsförderung. Digitale Werkzeuge können die Handlungsfähigkeit der gesunden Führung steigern helfen, da sie mehr Optionen bieten, lokale Besonderheiten berücksichtigen und auch dezentrales Personal einbinden.

Potenziale und Risiken – ein abwägendes Fazit

> ▶ *„Fun, Fitness, Faszination"* könnte der Erfolgsalgorithmus des BGM 4.0 sein, jedoch ist stets bei der digitalen Revolution zu bedenken, das sich letztlich echte Menschen um ihre Gesundheit kümmern und keine Avatare. Der Mehrwert digitaler Produkte im BGM ist nur dann gegeben, wenn die Organisation eine aktivierende Gesundheitskultur aufweist, in der die Nutzung der digitalen Interventionen gefördert wird. Problematisch ist, wenn Digitales zum Feigenblatt für Nichtstun oder für gesundheitsschädigende Rahmenbedingungen wird. Zudem muss bedacht werden, dass es kein Medikament ohne Nebenwirkungen gibt. Mithin ist eine systematische Qualitätskontrolle aller digitalen Angebote von der Information über Kommunikation bis zur Transaktion eine conditio sine qua non.

Den vielen Vorteilen des BGM 4.0 wie hohe Reichweite, Aktualität und Vielseitigkeit stehen v. a. Bedenken hinsichtlich Datenschutz, Datensicherheit und Qualität der Angebote gegenüber. Aus gesundheitspsychologischer Sicht wird ferner das Digital Overload-Phänomen erörtert. Ob die Vor- oder Nachteile in der **Gesamtbilanz** überwiegen, hängt von der Implementierungsstrategie ab (Kap. 3). Je konsequenter und konsistenter die Umsetzung als Transformationsstrategie erfolgt, desto wahrscheinlicher ist eine positive Bilanz. Problematisch ist eine Strategie, die Angebote nur aus Effizienzgründen digital ersetzt, ohne das Framework BGM anzupassen.

Tab. 5.1 stellt **Potenziale und Risiken digitaler Gesundheitsangebote im BGM** gegenüber (Albrecht 2016; Schirrmacher et al. 2018). Eine Kosten-Nutzen-Analyse erfordert bei der Bilanzierung die Berücksichtigung organisationsspezifischer Parameter (bspw. Belegschaftsstruktur, Vorkommen dezentraler

M. Treier, *Betriebliches Gesundheitsmanagement 4.0 im digitalen Zeitalter,* essentials, https://doi.org/10.1007/978-3-658-33261-7_5

Tab. 5.1 Potenziale und Risiken digitaler Gesundheitsangebote im BGM

Rubrik	Potenziale	Risiken
Anreize	• Individualisierte Anreize als Gratifikationskonzept im Analog- oder Digitalmodus • Integration von Bonus-Systemen in E-Health-Tools (Token-Konzept) • Intrinsisch und extrinsisch bestimmtes Anreizmanagement	• Verleitung zu extremen Verhaltensweisen durch Bonus-Malus-Systeme • Gefahr der Instrumentalisierung der Bonus-Systeme als Überwachungsansätze
Datensicherheit	• Daten Ownership-Ansatz • Elektronische Gesundheitsakte als Präzedenzfall • Technische Features zum Schutz der Daten (bspw. mehrstufige Authentifizierung) • Vermeidung redundanter Datenerfassung	• Angst vor Überwachung • Big Data und Cloud als Risikoquellen • Einfallstor für Cyberkriminalität • Mangel an gesetzlicher Regelung • Risiko einer zentralen Speicherung • Sicherheitsschwächen der Endgeräte • Unbedarfter Umgang mit Daten • Unberechtigte Datenweitergabe • Verletzung von Persönlichkeitsrechten

(Fortsetzung)

Tab. 5.1 (Fortsetzung)

Rubrik	Potenziale	Risiken
Effekte	• Individualisierung durch personalisierte Formate • Impulsgeber und Katalysator für Gesundheitsverhalten • Hohe Aktualisierungsrate • Geringer Verpuffungseffekt durch kontinuierliche Anregungen • Kein Vakuum zwischen Interventionen • Modularisierung • Geringes Störungspotenzial (Micro-Formate) • Stimuli durch neuartige technische und didaktische Formate wie Gamification	• Anstieg der Drop-out Quote • Aufmerksamkeitsstörungen • Digitaler Stress • Gefahr der digitalen Selbstvermessung und Selbstoptimierung • Gefahr der Cyberchondrie („Morbus Google") • Geringe emotionale Bindung • Manipulation durch Gesundheits-Influencer (Persuasion) • Nutzungs- und Akzeptanzprobleme bei nicht technikaffinen Adressaten • Risiken der Selbstdiagnose • Soziale Isolation • Verlust der körperlichen Intelligenz (Körperwahrnehmung) • Verwaisen im digitalen Modell („Lost in Hyperspace") • Zoom-Fatigue = Onlinemüdigkeit, kaum akustische und mediale Auszeiten • Zunahme des Medienkonsums

(Fortsetzung)

Tab. 5.1 (Fortsetzung)

Rubrik	Potenziale	Risiken
Inhalte	• Stufenansatz: von der Light- bis zur Intensivversion, vom Laien bis zum Professional • Aktualisierung der Inhalte • Ganzheitlichkeit durch Verknüpfung • Innovationsorientierung • Mehr Vielfalt im Angebotsportfolio • Niederschwelliger Zugang • Online-Beratungskonzepte • Personalisierung der Angebote • Präventionsatlas für alle Zielgruppen • Psychologische Themen adressierbar, weniger stigmatisierend • Erweiterung analoger Angebote zur Vertiefung	• Fehlen der menschlichen Ebene • Gesundheitsinformationen aus dem Internet („Dr. Google") • Medienkompetenz erforderlich • Durchführungsmodalität: von der dialogischen hin zur Schreib-Lese-Präferenz • Stakkato-Ansätze („abgehackte" Gesundheitsartikulationen) • Verdrängung analoger Angebote
Kommunikation	• Kollaborative Lernformen • Modernes Arbeitgeberimage • Transparente und schnelle Informationsbereitstellung • Vielzahl synchroner und asynchroner Formate • Wunsch nach verstärkter Konnektivität im Bereich Gesundheit und Prävention	• Fehlen der sozialen „leiblichen" Kontrolle • Priorisierung durch Vielfalt erschwert (Desorientierung) • Spam-Gefahr – Inflation von Newslettern et al.

(Fortsetzung)

Tab. 5.1 (Fortsetzung)

Rubrik	Potenziale	Risiken
Organisation	• 24/7-Modelle realisierbar • Digitale Administration • Keine Wartezeiten • Kombination mit analogen Angeboten • Kompatibilität zur Arbeit 4.0 • Vermeidung von Insellösungen und nicht bedarfsgerechten Angebote • Vernetzung mit anderen Akteuren als agiles Modell • Zeit- und ortsflexible Abbildung	• Eingeschränkte Kontrolle der Angebote in Bezug auf Fachlichkeit und Didaktik aufgrund fehlender Expertise • Fehlende Interoperabilität der Angebote (keine Standards) • Selbstverwaltung (Employee Self Service) als Belastungsfaktor • Übertragbarkeit des Gesundheitsgirokontos bei Arbeitsplatzwechsel • Verantwortungsdiffusion: Selbstverantwortungsprinzip
Qualität	• Automatisches Reporting • Begleitendes Gesundheitsmonitoring • Qualitätskriterien für digitale Instrumente als Orientierung • Self-Tracking • Transparenz als Zielgröße	• Eingeschränkte Validität der Vital- und Aktivitätsmessung • Qualitätsdefizite aufgrund fehlender Evaluation digitaler Angebote • Intransparenter und expandierender Gesundheitsmarkt • Keine verbindlichen Qualitätskriterien (Gütesiegel à la „TÜV") • Kaum wissenschaftliche Studien zur Wirksamkeit und Nachhaltigkeit digitaler Angebote

(Fortsetzung)

Tab. 5.1 (Fortsetzung)

Rubrik	Potenziale	Risiken
Reichweite	• „Omnipräsenz" (räumlich und zeitlich ubiquitär verfügbar) • Aufhebung des Nadelöhrs analoger Angebote (Skalierbarkeit) • Digitale Multiplikatoren-Ansätze • Erweiterte Vernetzung • Portabilität: nicht nur auf das Arbeitsleben beschränkt • Zielgruppenerweiterung, auch jüngere und technikaffine Mitarbeitende	• Abhängigkeit vom Vorhandensein funktionaler Endgeräte • Fokussierung auf Digital Natives (Generation Y & Z) • Gefahr der Verlagerung der Gesundheitsförderung und Prävention in die Privatsphäre • Gefahr der Diskriminierung digitaler Analphabeten und Nonliner (Digital Health Divide)
Ressourcen	• Abnahme der Transaktionskosten • Cloudbasierte Internetlösungen • Erweiterte Versorgungsqualität trotz Kosteneinsparungen • Geringe Technikkosten • Positives Kosten-Nutzen-Verhältnis • Hohe Skalierbarkeit	• Hohe Anfangsinvestition, v. a. bei der Transformationsstrategie • Kaum belastbare Studien zur Effektivität und Effizienz digitaler Interventionen • Zeit und Fachwissen zur Selektion der Angebote erforderlich
Sonstiges	• Anonymität gewährleistet • Datenhoheit beim Eigentümer • Dereguliertes Konzept im BGM • Passung zum digitalen Lebensstil • Positiv sich entwickelnde Gesetzgebung • Selbstbestimmte und mündige Gesundheitskonsument/innen • Verknüpfung mit personalökonomischen Treibern	• Hinterherhinkende Gesetzgebung, aber auch Gefahr der Überregulierung • Selbstverantwortung als Ideologie, Phrase und Feigenblatt – Wie viel Eigenverantwortung ist den Anwender/innen zumutbar?

Arbeitsplätze oder Reifegrad des BGM). *Angst und Euphorie* sind schlechte Ratgeber bei der Entscheidung Pro oder Contra einer Digitalisierungsstrategie. Viele Argumente sind spekulativ. Digitale Medien haben die Lebensweise jedoch faktisch verändert. Es gilt daher, das *Wie* der Digitalisierung zu bestimmen und nicht das *Ob* zu diskutieren (Kap. 3). Die positiven Argumente, die aus den Potenzialen resultieren, sind als Gestaltungsaufforderungen zu begreifen. Risiken oder Unsicherheiten sind durch Partizipation, Transparenz und Evaluation zu begegnen.

Profitieren wird das BGM, wenn analoge und digitale Angebote nicht als Konkurrenten platziert, sondern aufeinander aufgebaut werden mit dem dezidierten Ziel, Digitalisierung als Modus durchgängig zu übersetzen. **Performante Ansätze** basieren auf vernetzte Angebote.

Keine Frage, wer es mit dem BGM 4.0 ernst meint, steht am Anfang vor **offenen Fragen.**

- Frage zum Budget – Aufwand einer digitalen Transformation
- Frage der Partizipation – Bereitschaft und Kompetenzen der Akteur/innen
- Frage nach Vorerfahrung – Netzwerke und Kont(r)akte mit Anbietern
- Frage nach Ressourcen – Vorhandensein von digitalen Inhalten bis zu Kompetenzplattformen
- Frage nach Zusammenarbeit – Stakeholder vom AGS über Personalentwicklung bis zum BEM
- Frage nach Qualitätssicherung – vom Gesundheitscontrolling bis zur externen Evaluation
- Frage nach Startpunkt – Pilot oder flächendeckender Einsatz

Damit man sich bei der Implementierung nicht verirrt, gilt es, einen **Fahrplan,** der sich am Qualitätsmanagement orientiert, zu definieren (Uhle und Treier 2019). Die Reise zum BGM 4.0 beginnt mit einer **Zielmatrix.** Dabei ist auf die Operationalisierbarkeit der Zielindikatoren Wert zu legen.

- Adressatenorientierung (keine Konfektionierung)
- Attraktivitätssteigerung als moderner Arbeitgeber
- Barrierefreiheit
- Datensicherheit
- Diversity-Konformität
- Erhöhung der Selbstwirksamkeit als Maxime
- Erweiterung der Zugänglichkeit (Reichweite)
- Koordination von BGM-Maßnahmen (Administration, Steuerung und Evaluation)

- Kostenreduktion nebst Refinanzierungsmöglichkeiten
- Nachhaltigkeitssteigerung → Transfer auf alle Lebensdomänen
- Optimierung des individuellen Lebensstils (Gesundheitsverhalten)
- Synergieeffekte durch Mix analoger und digitaler Maßnahmen
- Zunahme des Aktivitätslevels in den Präventionsfeldern

Folgende **inhaltliche Ansatzpunkte** stecken dabei zusammenfassend das Zielfeld BGM 4.0 ab (Konnopka 2016; Matusiewicz und Kaiser 2018; Peters und Klenke 2016).

- **Digitale Administration** von Gesundheitsmaßnahmen im Bereich der Verhaltens- und Verhältnisprävention und Verwendung digitaler Managementtools zur Koordination nebst Einsatz von digitalen Evaluationsinstrumenten. Hinzu kommt die Notwendigkeit des Online-Coachings als Beratungskonzept.
- **Erfolgsfaktoren** aus Sicht der Praxis wie bspw. Gruppensettings, orts- und zeitunabhängige Nutzung, Customizing. V. a. gilt es, die Alltagskompetenzen der Mitarbeitenden im Umgang mit digitalen Angeboten zu steigern, um souveränes Gesundheitsverhalten zu ermöglichen. Gesundheits- und Medienkompetenz sind hier gleichermaßen zu adressieren.
- **Hürden und Risiken** der Digitalisierung im BGM wie bspw. Überforderung der Nutzenden, Umgang mit sensiblen Gesundheitsdaten, hohe Drop-out Quoten und das Netz als Gefahr i. S. einer „Des-Informationsquelle" sind zu beachten.
- **Rechtliche Rahmenbedingungen** wie E-Health-Gesetz, BDSG oder DVG. Regularien zeigen die Nutzungsoptionen digitaler Tools im Gesundheitsbereich auf. V. a. ist hier der Umgang mit sensiblen Gesundheitsdaten zu erörtern.
- **Relevanz und Legitimation** sind durch Wirksamkeitsnachweise aufzuzeigen, d. h. Studien, Reviews und Meta-Analysen bspw. zum Einsatz von digitalen Gesundheits-Apps, aber auch praxisnahe Erwartungs- und Akzeptanzbefragungen bei Betroffenen, um effektive digitale Konzepte zu erarbeiten.
- **Instrumente** von Wearables, Gesundheits-Apps bis zum EAP-basierten Coaching (bspw. in der Suchtprävention) sind in eine Digital Health Toolbox zu integrieren. Einschätzung der Bedeutung dieser Instrumente, Ableitung der mit der Digitalisierung assoziierten Potenziale und Risiken, Wechselwirkungen der Tools sowie Bewertung der Kombination mit analogen Herangehensweisen sind dezidierte Aufgaben.
- **Treiberfaktoren** wie die Flexibilisierung der Arbeitswelt (New Work) oder die Durchdringungstiefe der Digitalisierung in den Lebensdomänen sind bei der BGM 4.0-Strategie zu berücksichtigen.

- **Zukunftsaussichten des BGM** unter Berücksichtigung der Veränderungen der Arbeitswelt und der technologischen Trends (z. B. Virtual Reality, gamebasierte Health-Ansätze bis zum Girokonto Gesundheit) lassen sich als Visionen kommunizieren.

▶ **Rückschläge** als *Backlashs* bei der Digitalisierung im Rahmen einer BGM 4.0 Initiative stellen die größte Gefahr dar, denn aufgrund einzelner Defizite wird bisweilen das gesamte Digitalmodell vorschnell infrage gestellt, wenn bspw. ein Sicherheitsleck identifiziert wird.

Während der **Aufbauphase** wird es zwangsläufig zum Wettbewerb zwischen modernen und konservativen Produkten kommen, die um die Gunst der Anwendenden konkurrieren und sogar kokettieren. Der Slogan *„Analog trifft Digital"* verdeutlicht, dass diese Begegnung in Bezug auf Gesundheitsförderung und Prävention als Chance der gegenseitigen Bereicherung zu bestimmen ist (Blended Health Management). Digitale Gesundheitsapplikationen machen nicht an sich gesünder, sie können aber gesundheitsbezogene Aktivitäten befördern und verstetigen (Adhärenz). Das immense Motivations- und Informationspotenzial digitaler Werkzeuge wird analoge Methoden bereichern und transformieren, sodass das digitale Moment zum **dominierenden Gestaltungsfaktor** avanciert. BGM 4.0 ist aktuell noch als Innovationsoffensive zu deklarieren. Aber an der sich abzeichnenden Normalität des digitalen Wandels („New Normal") ist nicht mehr zu rütteln – wir werden vernetzter, digitaler und flexibler – und dies auch im Gesundheitsbereich. Dies erfordert aus Sicht des BGM 4.0 eine **digitale und soziale Verantwortung** der Organisation (Corporate Social and Digital Responsibility in Healthcare) und nicht eine einseitige Verlagerung der Gesundheitsverantwortung auf die Mitarbeitenden in der Arbeitswelt 4.0.

Der digitale Umbruch fällt drastischer als erwartet aus

Der digitale Umbruch im Gesundheitswesen und im BGM ist beschleunigter und radikaler als erwartet, wie bspw. die Studie *„Future of Health"* manifestiert (Roland Berger 2019/2020). Daher geht es nicht mehr um das behutsame Sondieren, sondern um Handeln, denn wir befinden uns auf der Überholspur der Digitalisierung. Die Umsetzung ist oftmals nicht eine Frage der Technik (Tool-Set), sondern eher des agilen Verhaltens und der Einstellung (Mindset).

Was Sie aus diesem *essential* mitnehmen können

- Sie erhalten allgemeine Informationen zur Digitalisierung des BGM und zur Ausgangslage.
- Sie lernen die Herausforderungen in Bezug auf das digitale Gesundheitsmodell kennen.
- Sie verstehen den Zusammenhang zwischen digitalem Gesundheitsmodell und Arbeit 4.0.
- Sie erhalten eine Blaupause zur Strukturierung des BGM 4.0 als virtuelles Gesundheitscenter.
- Sie lernen relevante Erfolgs- und Qualitätsfaktoren im BGM 4.0 kennen.
- Sie können die Chancen und Risiken digitaler Gesundheitsangebote in Organisationen abwägen.

Quellen

Albrecht, U.-V. (Hrsg.). (2016). Chancen und Risiken von Gesundheits-Apps (CHA-RISMHA). Medizinische Hochschule Hannover. https://publikationsserver.tu-braunschw eig.de/receive/dbbs_mods_00060000. (Abruf 03/2021).

Altendorfer, L.-M. (2017). *Neue Formate der digitalen Gesundheitskommunikation.* Baden-Baden: Nomos.

Bertelsmann Stiftung. (Hrsg.). (2016). Digital-Health-Anwendungen für Bürger: Kontext, Typologie und Relevanz aus Public-Health-Perspektive – Entwicklung und Erpro-bung eines Klassifikationsverfahrens. https://www.bertelsmann-stiftung.de/fileadmin/ files/BSt/Publikationen/GrauePublikationen/Studie_VV_Digital-Health-Anwendungen_ 2016.pdf. (Abruf 03/2021).

Cernavin, O., Schröter, W. & Stowasser, S. (Hrsg.). (2018). *Prävention 4.0 – Analysen und Handlungsempfehlungen für eine produktive und gesunde Arbeit 4.0.* Wiesbaden: Springer Fachmedien.

DGB – Deutscher Gewerkschaftsbund. (Hrsg.). (2016). DGB-Index Gute Arbeit – Der Report 2016. https://www.dgb.de/themen/++co++68afe972-a4f4-11e6-8bb9-525400 e5a74a. (Abruf 03/2021)

DKV – Deutsche Krankenversicherung. (Hrsg.). (2018). Der DKV-Report 2018 – Wie gesund lebt Deutschland? https://www.ergo.com/de/DKV-Report. (Abruf 03/2021)

GKV – Spitzenverband Bund der Krankenkassen. (Hrsg.). (2020). Kriterien zur Zertifizierung digitaler Präventions- und Gesundheitsförderungsangebote gemäß Leitfaden Prävention 2020, Kapitel 7. https://www.gkv-spitzenverband.de/media/dokumente/krankenversi cherung_1/praevention__selbsthilfe__beratung/praevention/praevention_leitfaden/Kriter ien_zur_Zertifizierung_digitaler_Angebote_12_2020.pdf. (Abruf 03/2021).

Hackl, B., Wagner, M., Attmer, L. & Baumann, D. (2017). *New Work: Auf dem Weg zur neuen Arbeitswelt – Management-Impulse, Praxisbeispiele, Studien.* Wiesbaden: Springer Gabler.

Haring, R. (Hrsg.). (2019). *Gesundheit digital – Perspektiven zur Digitalisierung im Gesundheitswesen.* Berlin: Springer.

Hurrelmann, K. & Baumann, E. (Hrsg.). (2014). *Handbuch Gesundheitskommunikation.* Bern: Huber.

IFBG – Institut für Betriebliche Gesundheitsförderung. (Hrsg.). (2020). #whats-next2020 – Erfolgsfaktoren für gesundes Arbeiten in der digitalen Arbeits-welt. https://www.tk.de/resource/blob/2089982/6b926c725e94cff77332e98702d1e835/trendstudie-whatsnext-2020-data.pdf. (Abruf 03/2021).

Käfer, A. & Niederberger, M. (2019). Die Zukunft des digitalen Betrieblichen Gesundheits-managements. *Prävention und Gesundheitsförderung, 15* (2), 151–158. https://doi.org/10.1007/s11553-019-00741-4

Kalch, A. & Wagner, A. (Hrsg.). (2020). *Gesundheitskommunikation und Digitalisierung: Zwischen Lifestyle, Prävention und Krankheitsversorgung.* Baden-Baden: Nomos.

Kaminski, M. (2013). *Betriebliches Gesundheitsmanagement für die Praxis: Ein Leitfaden zur systematischen Umsetzung der DIN SPEC 91020.* Wiesbaden: Springer Gabler.

Knoll, N., Scholz, U. & Rieckmann, N. (Hrsg.). (2017). *Einführung Gesundheitspsychologie.* München: Ernst Reinhardt.

Konnopka, T. (2016). Mehr Zugkraft via App und Web: Eine Zukunftsaufgabe im Betrieb-lichen Gesundheitsmanagement. In M. Pfannstiel & H. Mehlich (Hrsg.), *Betriebliches Gesundheitsmanagement* (S. 327–339). Wiesbaden: Springer Gabler.

Krüger-Brand, H. E. (2019). Digitale-Versorgung-Gesetz: Schub für die digitale Versorgung. *Deutsches Ärzteblatt, 116* (46), A-2111.

Langkafel, P. & Matusiewicz, D. (Hrsg.). (2021). *Digitale Gesundheitskompetenz – Brauchen wir den digitalen Führerschein für die Medizin?* Heidelberg: medhochzwei Verlag.

Matusiewicz, D. & Kaiser, L. (Hrsg.). (2018). *Digitales Betriebliches Gesundheitsmanage-ment: Theorie und Praxis.* Wiesbaden: Springer Gabler.

Matusiewicz, D., Kardys, C. & Nürnberg, V. (Hrsg.). (2021). *Betriebliches Gesundheitsma-nagement: analog und digital.* Berlin: MWV Medizinischer Wissenschaftsverlag.

Million, C. (2019). *Crashkurs Blockchain – Einführung, Grundprinzipien, Use Cases.* Freiburg: Haufe.

Niegemann, H. & Weinberger, A. (Hrsg.). (2020). *Handbuch Bildungstechnologie – Konzep-tion und Einsatz digitaler Lernumgebungen.* Berlin: Springer.

Otto, Daniela. (2016). *Digital Detox – Wie Sie entspannt mit Handy & Co. leben.* Berlin: Springer

Peters, T. & Klenke, B. (2016). eHealth und mHealth in der Gesundheitsförderung. In A. Ghadiri, A. Ternès & T. Peters (Hrsg.), *Trends im Betrieblichen Gesundheitsmanagement: Ansätze aus Forschung und Praxis* (S. 107–121). Wiesbaden: Springer Gabler.

Pundt, F., Thomson, B., Montano, D. & Reeske, A. (2018). Führung und psychische Gesund-heit. *ASU Arbeitsmedizin, Sozialmedizin, Umweltmedizin – Zeitschrift für medizinische Prävention, 53* (Sonderheft), 15–19.

Ramb, W. M. & Zaboroswki, H. (Hrsg.). (2018). *Arbeit 5.0 – oder Warum ohne Muße alles nichts ist.* Göttingen: Wallstein.

Roland Berger. (Hrsg.). (2019/2020). Future of Health 1 & 2. (Studie 1: Eine Branche digitalisiert sich – radikaler als erwartet; Studie 2: Der Aufstieg der Gesundheitsplattfor-men). https://www.rolandberger.com/de/Insights/Publications/Future-of-Health-Der-Aufstieg-der-Gesundheitsplattformen.html. (Abruf 03/2021).

Schaeffer, D. & Pelikan, J. M. (Hrsg.). (2017). *Health Literacy – Forschungsstand und Perspektiven.* Göttingen: Hogrefe.

Schaeffer, D., Berens, EM & Vogt, D. (2017). Health literacy in the German population—results of a representative survey. *Deutsches Ärzteblatt International, 114* (4), 53–60. https://doi.org/10.3238/arztebl.2017.0053.

Scherenberg, V. & Pundt, J. (Hrsg.). (2018). *Digitale Gesundheitskommunikation – Zwischen Meinungsbildung und Manipulation.* Bremen: Apollon University Press.

Schirrmacher, L., Betz, M. & Brand, S. (2018) Einsatz von digitalen Instrumenten im Rahmen des BGM. In M. Pfannstiel & H. Mehlich (Hrsg.), *BGM – Ein Erfolgsfaktor für Unternehmen* (S. 317–328). Wiesbaden: Springer Gabler.

Schwarzer, R. (2004). *Psychologie des Gesundheitsverhaltens: Einführung in die Gesundheitspsychologie.* Göttingen: Hogrefe.

Selke, S. (2016). *Lifelogging: Digitale Selbstvermessung und Lebensprotokollierung zwischen disruptiver Technologie und kulturellem Wandel.* Wiesbaden: Springer VS.

Sheldon, K. M. & Elliot, A. J. (1999). Goal Striving, Need Satisfaction, and Longitudinal Well-Being: The Self-Concordance Model. *Journal of Personality and Social Psychology, 76* (3), 482–497. https://doi.org/10.1037//0022-3514.76.3.482.

Simmet, Heike (2014). Personalisierung als neuer Erfolgsfaktor in der digitalen Kommunikation. https://heikesimmet.wordpress.com/2014/01/25/personalisierung-als-neuer-erfolgsfaktor-in-der-digitalen-kommunikation/. (Abruf 03/2021).

Social Health@Work. (2020). Eine Studie zur Auswirkung der Digitalisierung der Arbeitswelt auf die Gesundheit der Beschäftigten in Deutschland. Hrsg. von Barmer und Universität St. Gallen. https://www.barmer.de/blob/276178/ea66685b839e7aded009101aa7ba7641/data/dl-studie-social-health-work.pdf. (Abruf 03/2021).

Struhs-Wehr, K. (2017). *Betriebliches Gesundheitsmanagement und Führung: Gesundheitsorientierte Führung als Erfolgsfaktor im BGM.* Wiesbaden: Springer Fachmedien.

TK – Techniker Krankenkasse. (Hrsg.). (2018). Homo Digivitalis – TK-Studie zur Digitalen Gesundheitskompetenz. https://www.tk.de/resource/blob/2040318/a5b86c402575d49f9b26d10458d47a60/studienband-tk-studie-homo-digivitalis-2018-data.pdf. (Abruf 03/2021).

Treier, M. (2020a). Impuls zur gesunden Arbeitswelt: Erfassung und Bewertung psychischer Belastungen am Arbeitsplatz. In V. Scherenberg & J. Pundt (Hrsg.), *Psychische Gesundheit wirksam stärken – aber wie?* (S. 371–398). Bremen: APOLLON University Press.

Treier, M. (2020b). Moderne Instrumente des Gesundheitscontrollings und -Monitorings. *Controlling – Zeitschrift für erfolgsorientierte Unternehmenssteuerung, 32* (5), 26–34. https://doi.org/10.15358/0935-0381-2020-5-26

Uhle, T. & Treier, M. (2019). *Betriebliches Gesundheitsmanagement.* Berlin: Springer.

Walter, N., Scholz, R., Nikoleizig, L. et al. (2019). Digitale betriebliche Gesundheitsförderung – Entwicklung eines Bewertungskonzepts für digitale BGF-Programme. *Zbl Arbeitsmed, 69*, 341–349. https://doi.org/10.1007/s40664-019-00359-5

Werther, S. & Bruckner, L. (Hrsg.). (2018). *Arbeit 4.0 aktiv gestalten – Die Zukunft der Arbeit zwischen Agilität, People Analytics und Digitalisierung.* Berlin: Springer.

ZPP – Zentrale Prüfstelle Prävention. (Hrsg.). (2020). Information für Anbieterinnen und Anbieter von IKT-basierten Selbstlernprogrammen nach § 20 SGB V. https://www.zentrale-pruefstelle-praevention.de/admin/download.php?dl=pruefung_online_angebote. (Abruf 03/2021).

Thorsten Uhle
Michael Treier

Betriebliches Gesundheits-management

Gesundheitsförderung in der
Arbeitswelt — Mitarbeiter einbinden,
Prozesse gestalten, Erfolge messen

4. Auflage

EXTRAS ONLINE

 Springer

Printed in the United States
by Baker & Taylor Publisher Services